新装版
子どもが大喜びで先生もうれしい！
学校のはじめとおわりのネタ108

中村健一 編著

黎明書房

はじめに

　「はじめ」と「おわり」は，とっても大切です。

　例えば，1年間の「はじめ」です。
　1年間の「はじめ」にクラスみんなで楽しいことをすれば，子どもたちは思うでしょう。
　「楽しいクラスになりそうだな」「面白そうな先生だ」と。

　例えば，1日の「おわり」です。
　1日の「おわり」にクラスみんなで楽しいことをすれば，子どもたちは思うでしょう。
　「今日も1日，楽しかったな」「早く明日にならないかな。早く学校に行きたいな」と。

　「はじめ」と「おわり」を充実させるネタを煩悩の数の「108」だけ集めました（笑）。
　「108」すべてのネタをやってみて，あなたの煩悩を消し去ってください。
　気がつけば，楽しいクラスができあがっているに違いありません。

　子どもたちも笑顔！　先生も笑顔！
　私，中村健一は，全国の教室に笑顔があふれることを祈っています。

　　　　　　　　　　　　　　　　　　　　　編著者　中村健一

目次

はじめに ……………………………………………………… 1

第1章
1年間のはじめ
学級開きのアイディア ……………………… 9

1 拍手がないからやり直し …………………… 10
2 アクロスティックで自己紹介 ……………… 11
3 やたらと長い自己紹介 ……………………… 12
4 バレバレのウソをつく ……………………… 13
5 先生の指は，すごい！ ……………………… 14
6 天井にとどけ！ 自主勉ノート …………… 15
7 ガクコレ ……………………………………… 16
8 日本一のスピード …………………………… 17
9 他己紹介 ……………………………………… 18
10 ○年○組フルネームマスターゲーム ……… 19
11 実況＆音楽付きドッジボール ……………… 20
12 どんな人と働きたい？ ……………………… 21
13 オリジナルピザ ……………………………… 22

第2章
1年間のおわり
学級納めのアイディア …… 23

1	名前，こんなに上手になったよ	24
2	1年間の思い出を句会で発表	25
3	まだ間に合う！　1年がおわるまでにやりたい10のこと	26
4	思い出すごろく	27
5	思い出ビンゴ	28
6	思い出フォトぴったんこクイズ	29
7	目には見えない「絆」―エア長縄―	30
8	サイン集めビンゴ	31
9	○年○組スペシャルテスト	32
10	未来日記	33
11	写真をプレゼント	34
12	お手紙でさようなら	35
13	ききみみコンテスト	36

第3章
1日のはじめ
朝のアイディア …… 37

1	挨拶＋一言	38
2	1日のはじまりはなぞときで	39

3	黒板にハッピーバースデイ	40
4	健康観察でお題に答える	41
5	ハイタッチ健康観察	42
6	机に付箋で目標を	43
7	今日は何色？	44
8	今日は何の日？	45
9	お楽しみBOX	46
10	仲間で集まろう！	47
11	ホワイトボードで「絵しりとり」をしよう	48
12	チーム対抗ワワワリレー	49
13	今日の全力宣言！	50

第4章
1日のおわり
「さようなら」前のアイディア ……… 51

1	小さな福の神	52
2	運命の相手	53
3	すばらしいことがありました	54
4	幸せボランティア	55
5	チューリップ	56
6	きらきらタイム	57
7	今日の自分，何点？	58
8	休んだ子にメッセージを送ろう	59
9	なりきり！　アーティスト	60

10	文字数限定しりとり	61
11	テッテッテッテッテレパシ〜―必ず帰れる編―	62
12	「指—1」勝負に勝ったら帰れますグランプリ	63
13	ハイタッチで「さようなら」	64
14	楽しかったことで黒板いっぱい	65
15	閉店間際のBGM	66

第5章
授業のはじめ
授業導入のアイディア … 67

1	チーム対抗やる気プロジェクト	68
2	ミッションウォークラリー	69
3	問題をよく読もう	70
4	フラッシュカードリレー	72
5	先生と返事勝負！	73
6	大事なことは全部，音	74
7	ハイハイリレー	75
8	キックと整列　どっちが早い？？	76
9	BGMで静かに集中	77
10	ピッピッピッ，ピッピー，パンパン	78
11	みんなハラハラ，最初に当たるのは誰？	79
12	国語辞典で辞書クイズ	80
13	4コマ導入劇場	81
14	英語授業で，マイ ネーム イズ ○○	82

第6章
授業のおわり
授業の終末のアイディア ………… 83

1 ギャラリーウォーク―誰のノートが素敵?― ………… 84
2 おつかれさま ………… 85
3 100字作文 ………… 86
4 授業の最後にキーワードを発表 ………… 87
5 ポイント制 ………… 88
6 ノート集めリレー ………… 89
7 ありがとうございましたっ! ………… 90
8 超高速モーション ………… 91
9 「ステレオゲーム」で重要語句を確認する ………… 92
10 みんなが先生 ………… 93
11 日直が発表! 本時のMVP ………… 94
12 ○○のように立ちましょう ………… 95
13 一風変わった三本締め ………… 96

第7章
6年間のはじめ
入学時のアイディア ………… 97

1 入学式に写真を撮る! ………… 98
2 担任発表で大きな返事をしよう! ………… 99

3	最初の学級活動で音読を！	
	―最初の参観日に「伸び」を可視化する―	100
4	１年生でもルールを決められる！	101
5	お助けマン	102
6	お助けレンジャー	103
7	「へのへのもへじ」でひらがな練習	104
8	仲良しペアをそろえよう	105
9	給食大好き！　おいCM	106
10	トイレ名人になろう	107
11	１日のはじまりは昇降口から	108
12	数のブロックで遊ぼう	109
13	種の中身は何色？	110

第8章
６年間のおわり
卒業前のアイディア … 111

1	カウントダウンカード	112
2	卒業式・返事プロジェクト	113
3	１年生の教室で授業	114
4	１年生と中学生の問題を解く	115
5	思い出のランドセル	116
6	20歳の自分への手紙	117
7	班対抗！　思い出クイズ大会	118
8	６年間のふり返りフルーツバスケット	119

9	思い出ジェスチャー	120
10	有名人からのお祝い電報	121
11	保護者の方へ感謝のメッセージカード	122
12	卒業式の私への手紙	123
13	タイムカプセルはタッパーがいい！	124
14	同窓会の日と幹事を決めておく	125

第1章
1年間のはじめ
学級開きのアイディア

　学級づくりは，スタートダッシュが大事です。

「この先生との1年間，面白そう！」
「楽しいクラスになりそうだ」
「友達がたくさんできそうだなあ」
「よーし。勉強がんばるぞ」

　ここで紹介するとっておきのネタを使って，子どもたちにこんな思いを抱かせましょう。
　教師にとっても子どもにとっても最高の1年間にするために，秩序を確立しつつ，楽しいネタ連発でスタートダッシュです！

① 拍手がないからやり直し

> **こんなネタです！**
>
> 　先生がはじめに教室に入った時に「拍手がないからやり直し」と言います。もう一度教室に入ると，今度は盛大な拍手が起こります。
>
> **このネタの魅力**
>
> 　拍手で教室の雰囲気が温かくなります。また，自然に拍手が起きる教室にするためのきっかけ作りになります。

すすめ方

① 　教師は教室に入る。当然，子どもたちから拍手は起きない。そこで，「先生はこれから1年間，君たちのために一生懸命がんばろうと思っています。拍手で迎えてくれたらうれしいなあ」と言う。

② 　続けて教師は「ちょっと練習をしよう」と言い，拍手の練習をさせる。拍手のコツは「強く」「細かく」「元気よく」であることを教え，実際に拍手をさせてみる。

③ 　教師は「では，やり直し」と言って廊下に出てもう一度教室に入る。子どもたちは，今度は大きな拍手で迎えてくれる。

④ 　教師は「とってもよい気分です。ありがとう。これから1年間みんなのためにがんばっていこうと思えました。これからも，先生や友達に温かい拍手ができるクラスにしたいです」と笑顔で言う。

成功のコツ

・笑っていいともの「パン・パン・パン・パン」で拍手をおえることを教えると最後が決まる。

（飯村）

② アクロスティックで自己紹介

こんなネタです！

アクロスティック（折句）で自己紹介をします。

このネタの魅力

子どもたちは楽しみながらアクロスティックを作ります。また，記憶に残る自己紹介ができます。

すすめ方

① 教師が自分の名前をアクロスティックで自己紹介する。例「（よ）く笑って（し）っぱいもするけど（か）わいくて（わ）かい先生です（ゆ）っくりでもがんばります（う）どんが大好きで（こ）わいときもあるよ，の吉川裕子です。よろしくお願いします」

② 教師は「みんなもこのように自分の名前を使ってアクロスティックで自己紹介してもらいます」と言う。

③ 子どもたちは，自分の名前でアクロスティックを作って書く。

④ 子どもたち一人ひとりにクラスみんなの前で自己紹介させる。最初にアクロスティックを読み上げさせる。そして，自分の名前を言い，「よろしくお願いします」と言って，自己紹介をおわる。

成功のコツ

・子どもたちの自己紹介は翌日に行うと，お家の方に一緒に考えてもらったり，友達と考えたりすることができる。

（吉川）

③ やたらと長い自己紹介

> **こんなネタです！**
>
> 黒板に次々に書き足されていく先生の自己紹介。それを子どもたちが声をそろえて読んでいきます。
>
> **このネタの魅力**
>
> 子どもたち全員が，先生の面白い自己紹介を読むことで，教室に一体感が生まれます。

すすめ方

① 教師は黒板に自分の名前を書き，子どもたちに読んでもらう。
② 「先生は猫が好きなんだ」と言って，「猫が好きな」と名前の前に板書する。「猫が好きな飯村友和先生」となる。
③ これを子どもたちに読んでもらう。
④ 名前の前に書く言葉をどんどん増やしていく。「積立貯金をしていて，足が長くて，ジャージがよく似合って，アルプスの天然水並みに心がきれいで，スポーツが得意で，猫が好きな飯村友和先生」など。
⑤ これを子どもたちに覚えてもらう。ちょっとずつ消していき，最後は全部消してしまう。全部消した後，声をそろえて読むと，一体感が生まれる。

成功のコツ

・教師の特徴を表し，かつユーモアのある言葉を選ぶとよい。
・「家の人に先生を紹介する時には『積立貯金をしていて……』と答えるんだよ」と言っておく。すると，保護者にもウケる。

（飯村）

④ バレバレのウソをつく

こんなネタです！

先生が学級はじめにバレバレの面白いウソをつきます。

このネタの魅力

面白くて簡単にバレるウソは，子どもたちを笑顔にします。「先生，ウソでしょ」と子どもたちがツッコんでくるので，先生と子どもの距離を縮めることができます。

すすめ方

① 教師はやたらと次のようなウソをつく。

「先生，本当は20歳なんだけど，悪い魔女に魔法をかけられてこんな姿にされちゃったんだ」

「先生，実は元嵐のメンバーなんだ」

「先生はアンドロメダ星から来たんだ」

「先生は世界で3番目に背が高いんだ」など。

② 子どもたちは「えー。ウソでしょ」とツッコむ。

③ ツッコまれても「いやいや。本当だよ」と笑顔で言い張る。すると，さらにツッコミが起き，そこから楽しい会話ができる。

成功のコツ

・ウソは簡単にバレてユーモアのあるものに限る。

（飯村）

5 先生の指は、すごい！

> **こんなネタです！**
>
> 椅子に座っている子どもを先生の指一本で、立てなくさせます。
>
> **このネタの魅力**
>
> 一瞬で、「この先生、すごい！」と思わせることができます。

すすめ方

① 教師は「先生には昔から不思議な力があるんだけど、見てみたい人？」と言い、挙手をうながす。

② 教師は、手を挙げた子の中から1人選び、その子の前に立つ。机はないほうがよい。

③ 「ダラ〜っと両手を下げ、足の裏をペタッと床につけなさい」と言いながら、子どもの額に教師の人差し指を押し当てる。

④ 教師は「はぁ〜っ！」と大声を出し、「これで君は、もう立てない」と言う。

⑤ 子どもが立とうとすると、人差し指にグッと力を入れる。立てない子を見て、子どもたちは「おぉ！」と声を上げて驚く。

成功のコツ

・事前に試しておくと、指の力の入れ具合やタイミングなどがわかってよい。

(中條)

天井にとどけ！　自主勉ノート

> **こんなネタです！**
>
> クラス全員で，使いおわった自主勉ノートを積み重ねていき，天井までとどかせます。
>
> **このネタの魅力**
>
> がんばりの成果を目で見て確認でき，自主勉強への意欲がわきます。

すすめ方

① 教師は「今日から，自主勉を宿題に出します」と宣言する。

② さらに教師は「自主勉をがんばれば，勉強が得意になります。でも，1人でがんばるのは大変なので，みんなのがんばりが一目でわかるように，おわったノートを積み重ねていきましょう。そして，3学期のおわりには，天井までノートをとどかせましょう！」と力強く言う。

③ 最初子どもたちは「無理」「とどくわけない」と思っている。しかし，1冊，2冊と自主勉ノートが積み重なっていくうちに，ノートのタワーができていき，子どもたちはやる気になっていく。

④ 自主勉ノートが天井までとどいたら，みんなで拍手し，健闘をたえ合う。

成功のコツ

- 1日1ページ以上を目標に自主勉に取り組ませる。
- 自主勉ノートが1冊おわった子どもを立たせ，拍手を贈り，ほめたたえる。

※福山市の中野敦夫先生より教えていただいた。　　　　　　　　（山根）

7 ガクコレ

> **こんなネタです！**
>
> パリコレのようなファッションショー感覚で，正しい身だしなみについて説明します。
>
> **このネタの魅力**
>
> 制服や頭髪などの身だしなみのチェックポイントを強烈なインパクトで確認できます。

すすめ方

① 教師は身だしなみを整える意義について説明する。そして，「それでは身だしなみバツグンのモデルさんに登場してもらいましょう！」と言い，音楽をスタートする。

② 音楽に合わせてモデル役の子が登場する。他の子は音楽に合わせて手拍子をし，モデルを迎える。

③ 教師がチェックポイントを指差し棒で確認しながら紹介する。「頭髪！ ゴムは黒・紺・茶！」「つめは短くいい感じ！」と教師が言うとモデルの子はチェックポイントをアピールしたポーズをする。

④ おわりは「これがイケてる着こなしだよ！」という雰囲気でモデルが手をふって退室する。

成功のコツ

・事前に正しい身だしなみの子，かつモデル役を恥ずかしがらずにできる子を選び，チェックポイントを打ち合わせしておく。

（岩永）

⑧ 日本一のスピード

> **こんなネタです！**
> 起立，整列，移動など，すべての動きを超高速でさせます。
>
> **このネタの魅力**
> 時間を有効に使えます。切り替えも早くなります。

すすめ方

① 学年はじめに，教師は「このクラスを日本一速いクラスにしよう！」と言う。子どもたちはポカンとしている。
② そこで教師は「全員起立！」と言う。子どもたちはモタモタしながら立ち上がる。
③ すかさず，「遅い！ 1秒以内で立ちなさい」と指示し，もう一度やり直しさせる。
④ やり直ししたら，格段に速くなる。教師は「速くなったね！」とほめ，「すべての動きが速いクラスを作ろう」と伝える。
⑤ 廊下に並ぶ時，体操服に着替える時，給食準備，ランドセルを片づける時など，一つひとつの動きを意識して速くさせる。

成功のコツ

- 基本的に，「やらせてみる→目標タイムを言う→やり直しさせる→ほめる」の流れで行う。
- 目標タイムを徐々に縮めていき，子どもにタイムが縮まる喜びを感じさせるようにする。

（藤井）

9 他己紹介

> **こんなネタです！**
>
> 学級開きの日に自己紹介ではなく，隣の友達を紹介する他己紹介をします。
>
> **このネタの魅力**
> 自己紹介ではわからない友達の意外な一面を引き出せます。

すすめ方

① 教師は「今から隣の友達にインタビューをして，クラス全員に紹介する他己紹介をします」と言い，メモ用紙を配る。

② 教師は，黒板に「呼んでほしいあだ名」「趣味」「がんばっていること」「今年の抱負」「その他」と書く。

③ 教師は「黒板に書いてあることを中心にインタビューをして，メモしましょう。他己紹介する時間は1分です。みんなが知らないことを引き出してあげてね」と言い，インタビューをはじめさせる。

④ 教師は，黒板に「今から○○さんの紹介をします」「○○さんの△△は，〜だそうです」「これで○○さんの紹介をおわります」と書き加える。

⑤ 机を教室の端に移動させ，クラス全員で円を作って座る。教師は「では，順番に他己紹介をはじめましょう。困った時は黒板を見てね」と言い，他己紹介をはじめさせる。

成功のコツ
・学年に応じて，黒板に書くインタビュー内容を工夫する。

(川本)

⑩ ○年○組フルネームマスターゲーム

> **こんなネタです！**
>
> 子どもたちが，クラスの仲間のフルネームを漢字で書きます。
>
> **このネタの魅力**
>
> クラスの友達の名前を漢字で書くことで，子どもたち同士のつながりができます。また，漢字への興味を持たせることができます。

すすめ方

① 教師は「今から，○組の人のことをどれだけ知っているかがわかる簡単なゲームをします」と言う。

② 続けて「ルールは簡単。ただ○組の人の名前を書くだけです」と説明する。

③ さらに「たくさんの人のフルネームを漢字で書いた人がエライ。漢字で書ければ2点，ひらがなは1点です」と説明し，用紙を配る。

④ 3分でどれだけ書けるか勝負する。

⑤ 終了後，一人ひとりの名前を確認し，得点を計算する。「僕,○点やったぁ」「全員書けたぁ」など，子どもたちは大喜びで取り組む。

成功のコツ

・「○班の人」「○月生まれの人」「名前が6文字の人」などとお題を決め，その子たちを教室の前に並べて答えさせても面白い。

（中條）

⑪ 実況＆音楽付きドッジボール

> **こんなネタです！**
>
> ドッジボールの時，音楽を流しながら，先生が実況中継します。
>
> **このネタの魅力**
>
> ただでさえ盛り上がるドッジボールがさらに盛り上がります。クラス替え後に行うと，子どもたちは早く仲良くなれます。

すすめ方

① クラスでドッジボールをする時，音楽を流す。

② 教師は，マイクで審判兼実況をする。「おーっと，○○ちゃんのライトニングフラッシュ炸裂！」「△△君，これは動けない！」など。子どもたちは大喜び。

③ 子どもたちは，まるでスポーツ中継のような雰囲気の中でドッジボールを楽しむ。

成功のコツ

- 「トップガン」のテーマなど，盛り上がる音楽を選択するとよい。

(山根)

12 どんな人と働きたい？

> **こんなネタです！**
>
> 子どもたちに，どんな人と働きたいか問い，自分自身はどうなのかふり返らせます。
>
> **このネタの魅力**
>
> どのような態度で仕事に取り組めばよいか意識するようになります。そして，真面目に仕事に取り組むようになります。

すすめ方

① 教師は「学校でする仕事にはどんなものがありますか？」と問う。「掃除」「給食当番」「係活動」「委員会活動」などが出る。
② 続けて教師は「どんな人と仕事がしたいですか？」と聞く。
③ 全員起立させ，意見を発表させる。同じ意見でもOKとし，全員言わせる。すると，「明るい人」「責任感のある人」「よく気がつく人」「行動力がある人」などが出る。
④ 教師は「学校は，仕事をして自分を鍛える場です」と言う。そして，「君たち自身はどうですか？ 笑顔ですべての人と接していますか？ 仕事を最後まで責任もって取り組んでいますか？」などと問う。
⑤ 子どもたちは，どのような態度で仕事に取り組めばよいか考え，真面目に働くようになる。

成功のコツ

・普段学校でやっている仕事は，将来，社会に出た時の仕事とつながっていることを教える。

(山根)

13 オリジナルピザ

こんなネタです！

班で相談して，オリジナルピザを作ります。

このネタの魅力

班で協力して1つのピザを作り上げた達成感が味わえます。

すすめ方

① 教師は「お腹がすいたな〜。みんなでおいしいものを作りたいなあ」と言う。子どもたちは興味津々。

② 続けて教師は「今から班でピザを作ります」と言う。そして，円を書いた四つ切りの画用紙を班に1枚ずつ配る。

③ 教師は「ピザには何の具もありません。自分の好きな食べ物を話し合いながら，班でオリジナルピザを作りましょう」と言う。

④ 子どもたちは，班で相談して，画用紙にいろいろなものを描き込み，オリジナルピザを作る。また，できあがったら，オリジナルピザの名前を考える。

⑤ 自分たちが作ったピザを全体の場で紹介させる。

成功のコツ

・1番おいしそうなピザに投票して1位を決めるコンテスト形式にしても楽しい。

（岩永）

第2章
1年間のおわり
学級納めのアイディア

　最後まで子どもたちのモチベーションを保つことは，非常に難しいものです。
　しかし，最後まで「いいクラスにしよう！」「成長しよう！」というクラスを創り上げたいものですね。

　この章では，最後の最後まで子どもたちがやる気になる，そんなネタをたくさん紹介しています。
　ぜひ，これらのネタを使って，子どもたちのやる気を引き出してください。

　また，1年を楽しく締めくくることで「いいクラスだったな」「最高のクラスだったな」と子どもたちは思います。クラス全員が「1年間このクラスでよかった」と思えるそんな1年間の「おわり」を目指しましょう！

1 名前，こんなに上手になったよ

> **こんなネタです！**
>
> 　1年生が入学してはじめて書いた名前と1年の最後に書いた名前を並べて掲示し，1年間の成長を目に見える形にします。
>
> **このネタの魅力**
>
> 　自分と友達の1年間の成長を実感できます。また，最後の参観日に掲示することで，保護者にも子どもの1年間の成長が伝わります。

すすめ方

① 　1年生最初の参観日の前，子どもに自分の名前を丁寧に書かせる。それを色画用紙に貼り掲示する。

② 　参観日の後，教師は掲示を外し，大切に保存しておく。

③ 　1年生最後の参観日の前，1年生のはじめに書いた名前を配る。教師は「1年間，一生懸命字の学習をしてきました。どれくらい上手になっているかな。今の自分の最高の字を書きましょう」と言う。

④ 　子どもたちは，自分の書いた字を見て，「あまりうまくないなあー」などと感想を言う。そして，今の自分の精一杯の字を書く。

⑤ 　最後の参観日に1年生のはじめに書いた字と最後の参観日前に書いた字を並べて掲示する。保護者は，わが子の1年間の成長を喜ぶ。

成功のコツ

・1回目に掲示する時は，色画用紙の左半分に貼り，隣の子どもの色画用紙と重ねて掲示する。2回目は，右半分に最後の参観日前に書いた字を貼り掲示する。

（川本）

② 1年間の思い出を句会で発表

1年間の思い出を川柳にし，クラス全員で句会を行います。

このネタの魅力

1年をふり返り，思い出をクラス全員で共有することができます。

すすめ方

① 教師は「1年間の思い出を川柳にし，句会をします」と言う。
② 1年間の写真をパソコンとプロジェクターを使って見せる。
③ 子どもに川柳を考えさせる。できあがった川柳は，画用紙で作った短冊に大きくペンで書かせて集める。名前は書かせない。

④ 5句ずつに分け，教師は作品を読む。子どもたちは5句の作品の中から一番よいと思う川柳を選び，挙手する。
⑤ これを数回くり返し，本日の最優秀作品と優秀作品を決める。

成功のコツ

・誰の作品かわからないようにし，作品の内容のみで選ぶようにする。
・教師は，作品に対する意見を言わない。

(川本)

③ まだ間に合う！1年がおわるまでにやりたい10のこと

> **こんなネタです！**
>
> 1年間でやり残したことを具体化し，最後の1ヵ月でできることをさせます。
>
> **このネタの魅力**
>
> 学年末最後の1ヵ月の学校生活を充実させることができます。

すすめ方

① 教師は「後1ヵ月でこの学年も修了です。ふり返ってみて，『ああすればよかったな』『こんなことしたかったな』と後悔していることはありませんか？」と問いかける。

② 続けて教師は「後悔していることを書きなさい。どんな小さなことでもいいです。10個書ければ，合格。時間は5分」と言い，子どもたちに箇条書きさせる。

③ 書いた数を聞き，10個書いた子をほめる。そして，書いた内容を発表させる。さらに「『今からでも遅くないぞ』ということ1つに○をつけなさい」と言い，最後1ヵ月でできそうなことを選ばせる。

④ 子どもたちは，選んだ1つを画用紙で作った短冊に書く。教室に掲示し，いつでも見ることができるようにする。

成功のコツ

・特別なことでなくていい。「日記を書く」「机の中を整頓する」など普通のことに注目させ，実行させて達成感を味わわせる。

（岩永）

④ 思い出すごろく

> **こんなネタです！**
>
> 1年間にあった出来事をすごろくにします。
>
> **このネタの魅力**
>
> 1年間にあった出来事を楽しくふり返ることができます。さらに，できあがったすごろくで，友達や先生と楽しく遊ぶことができます。

すすめ方

① 教師は画用紙を配り，「今から『思い出すごろく』を作ります。1年間にあった楽しい出来事をすごろくのマスに書きましょう。完成したら，そのすごろくで楽しく遊びましょう」と言う。

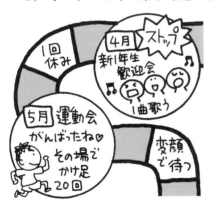

② 子どもたちは1人ずつ画用紙ですごろくを作る。「4月入学式でドキドキしたよ」「5月運動会，リレーがんばったよ」「2月6年生を送る会，けんばんハーモニカ上手にできたよ」など，マスに書く。

③ 完成したすごろくを使って隣同士や，班で遊ぶ。

成功のコツ

・1年間の出来事を教室に掲示しておくと，それを見ながらすごろくを作ることができる。

（飯村）

⑤ 思い出ビンゴ

> **こんなネタです！**
>
> 9つのマスに1年間の思い出を書きます。クラスみんなで思い出を発表していき，ビンゴになった人が勝ちというゲームです。
>
> **このネタの魅力**
>
> ビンゴを楽しみながら，1年間の思い出を語り合うことができます。

すすめ方

① 教師は9マスを印刷した紙を配る。
② 子どもは1年間で思い出に残ったクラスの出来事を書く。例えば，「長縄大会優勝」「中村君転入」など。
③ じゃんけんで勝った子から，自分のマスに書いた出来事を発表する。
④ 自分の紙に書いた出来事が言われたら，○をつける。
⑤ ○が1列そろえば，ビンゴで勝ち抜け。

成功のコツ

・出来事を発表する度に，紙に○を書いている子の人数を確認するといい。1年間で一番印象に残っている出来事がわかる。

（飯村）

思い出フォトぴったんこクイズ

こんなネタです！

写真を見て，いつどこで撮られた写真なのかを当てるクイズです。

このネタの魅力

学級の思い出をエピソードとともにふり返ることができます。

すすめ方

① 「みなさんにクイズを作ってきましたぁっ！　画面に写真を映しますので，いつ？　どこで？　撮られた写真なのかを答えてくださいね」と教師は説明する。

② 1枚目は，春の遠足での写真を映す。学級の子が写っている写真がいい。そして，「さぁ，これはわかるかな？」と教師は聞く。

③ 「これは春の遠足の時の写真です。亀石の前で，先生に撮ってもらいました」と子どもが答える。

④ 正解者に拍手を贈り，「よく覚えていたね。さらに！　この時の面白エピソードや心に残った感想はありますか？」と教師は聞く。

⑤ 「この日，おやつを忘れてしまい，友達にもらいました」などの発言をみんなで懐かしみながら，楽しむ。

成功のコツ

- 教師が撮る写真は，季節や時期を問わず撮影して，データ保存しておくとよい。
- クイズの正解者には，写真をプレゼントするサプライズを用意すると，子どもたちは大喜び。

（中條）

⑦ 目には見えない「絆」
―エア長縄―

> **こんなネタです！**
>
> クラス全員で心を合わせてエア長縄をします。
>
> **このネタの魅力**
>
> 　1年間一緒に過ごして作り上げてきた目には見えない「絆」を確認することができます。

すすめ方

① 「1年間一緒に過ごすと，目には見えない深い絆ができます。例えば……」と教師が言いながら，ボールを投げるふりをする。すると，子どもたちはキャッチしたり打ち返したりと反応を返してくる。

② 教師は反応した子をほめ，「こうした意思疎通が自然にできるのは『絆』が深まったという証拠です」と話す。

③ 続けて「では，この長縄を全員で心を一つにして跳ぶことができるでしょうか？」と教師は両腕を広げて上に挙げ，長縄を持っているアクションをする。

④ 長縄をまわす子を2人決め，長縄が見えるかのように息を合わせて腕の動きや高さをそろえさせる。

⑤ 残りの子どもたちは長縄が上に来たなと思ったら順番に入って跳ぶ。全員クリアしたら，みんなでバンザイをして喜び合う。

成功のコツ

・子どもたち同士で「今だ！」「それいけ！」などと声を出して，跳ぶタイミングを合図させる。

（岩永）

⑧ サイン集めビンゴ

> **こんなネタです！**
>
> 自分のクラス以外の子からサインをもらい，空欄をうめてビンゴを作るゲームです。
>
> **このネタの魅力**
>
> サインを集めながら，学級・学年を超えた子どもたちと１年間をふり返る会話ができます。

すすめ方

① 教師は「今日から○日まで，ビンゴゲームで他の学級・学年の友達と１年間のふり返りをします」と言う。

② ビンゴカードを１人１枚配る。９つのマスに自分の学級以外のクラス名が入ったカードである。マスには，サインするスペースを残しておく。

③ 教師は「サインをもらう前に，１年間の思い出を一言，言ってもらうこと」というルールを説明する。

④ 子どもたちはビンゴしたくて，積極的に他の学級・学年の友達に声をかける。

⑤ 終了日，ビンゴになっている子には「なかよし賞」のミニ賞状を渡す。

成功のコツ

・「サインをもらうのは休み時間」などとし，他のクラスに迷惑をかけないようルールを徹底しておく。

（岩永）

⑨ ○年○組スペシャルテスト

> **こんなネタです！**
>
> 　1年のおわりに1人1問テストの問題を作り，クラス全員で解きます。
>
> **このネタの魅力**
>
> 　テスト作りを楽しみながら，意欲的に1年間の学習のふり返りと復習を行うことができます。

すすめ方

① 　教師は「1年間の総まとめのテスト『○年○組スペシャルテスト』を全員で作ります」と言う。
② 　各教科の問題がバランスよく入るように，子どもの担当を決める。
③ 　教師は「『この1年の間に学んだことで，必ず身につけておかないといけないこと』から1問，テスト問題を作りなさい」と言い，子どもに問題を作らせる。
④ 　教師は，子どもたちが作った問題をまとめ，1枚のテストにする。
⑤ 　子どもたちは，クラス全員で作ったテストをする。

成功のコツ

・紙を細長く切り，そこに問題番号・問題・回答欄・出題者を書かせる。すると，それを並べて1枚の紙に貼るだけでテストができる。

（川本）

⑩ 未来日記

> **こんなネタです！**
> 学年末の節目に来年の自分を想像して日記を書きます。
>
> **このネタの魅力**
> 見通しを持ち，新たな気持ちで次の年度を迎えることができます。

すすめ方

① 今年1年で「できるようになったこと」「もっと高めたいこと」などを発表させ，1年間をふり返らせる。

「3月20日。もうすぐ△年生もおわりです。うれしかったのは，水泳の記録会。クロールと平泳ぎの両方，25m泳ぐことができました……」

② 教師は「今から日記を書いてもらいます。来年の3月20日の未来日記です。今のふり返りから，未来の自分にどうなってほしいのか想像しながら書きましょう」と言い，書かせる。

③ 書きおわったら，グループで読み合う。読んだら「○○さんなら，きっとできるよ」「もっとこういうことを続けたらできるんじゃない？」などと1人ずつ前向きなメッセージを未来日記に書き込む。

> **成功のコツ**
> ・ふり返りをしっかりしてから，実現可能な出来事や自分の姿を考えて書かせるのがコツ。

（岩永）

⑪ 写真をプレゼント

こんなネタです！

飾っていた写真を1年のおわりにプレゼントします。

このネタの魅力

教室もきれいになり，子どもたちにも思い出になり，一石二鳥です。

すすめ方

① 教師は，行事，日常の授業風景など，機会があるごとに写真を撮る。そして，写真を教室に掲示する。

② 貼り替えた写真は捨てずにためておく。
③ 1年のおわりに写真を分けて渡す。すると，子どもたちは大喜び。

成功のコツ

・特定の子どもだけでなく，全員の笑顔の写真を満遍なく貼るようにチェックしていくとよい。
・1年間に撮った集合写真が学級の人数分あると，一人ひとりにあげられる。意識して撮っていくとよい。

(吉川)

12 お手紙でさようなら

> **こんなネタです！**
> クラスの子全員に手紙を書いてもらい，集めて本にします。
>
> **このネタの魅力**
> 全員からの手紙が集められた本は，素敵な思い出の品になります。

すすめ方

① 出席番号1番の子を教室の前に出す。そして，教師は「〇〇さんの素敵なところ，お世話になったことなどを思い出して手紙を書きましょう」と言う。

② 子どもたちは，その友達の顔を見ながら，「ありがとう」の手紙を書く。時間は10分。

③ 教師は手紙を集め，1冊の本にする。

④ 朝の会，帰りの会，授業などの中で時間を見つけ，出席番号2番の子，3番の子，……と全員がおわるまでくり返す。

⑤ 学級最後の日に，手紙をまとめた本を一人ひとりにプレゼントする。子どもたちは，感動し，ものすごくうれしそうに本を読む。

成功のコツ

- 「1人10分×クラスの人数」の時間が必要である。時間がかかる実践であるが，やるだけの価値はある。
- 席替えの時には隣の席の子に手紙を書くなど，友達のよいところを見つけて手紙にする取り組みを続けていくと書きやすい。
- 保護者の方からの手紙も入れると，さらに感動する。

（吉川）

⑬ ききみみコンテスト

> **こんなネタです！**
> 1年間で習った歌を聞き分けるステレオゲームです。
> **このネタの魅力**
> ゲームをしながら，習った歌のふり返りをすることができます。

すすめ方

① 教師は1年間で習った歌を5曲選んでおく。
② クラスの人気者5人を教室の前に出し，出題者にする。そして，それぞれが担当する歌を伝える。
③ 教師の「1・2・3ハイ！」の合図で，出題者は5人同時に担当の歌を歌う。

④ 30秒歌う間に，他の子は5人それぞれが何の歌を歌っているのかを考え，ノートに書き出す。
⑤ 出題者に1人ずつ歌を歌ってもらい正解発表。全問正解者は起立させ，拍手を贈る。

成功のコツ
・リコーダーなど楽器を演奏させる形にしても面白い。

（岩永）

第3章
1日のはじめ
朝のアイディア

　みなさんは,「1日のはじめ」をどのようにお過ごしですか？
　どんより重い空気，だらけた空気，まとまらない空気。「1日のはじめ」には，そんなよどんだ空気が漂いがちです。
　こんな空気のままだと，1日，クラスがよい方向に進んでいけません。
　「1日のはじめ」は，子どもたちに心構えを持たせ，楽しい1日がはじまるという期待を持たせる時間です。

　この章には,「今日も1日がんばるぞ！」と子どもたちに思わせるネタが満載です。
　きっと，子どもも教師も笑顔で1日のスタートが切れること間違いなし！
　みなさんもぜひ，使ってみてくださいね!!

① 挨拶＋一言

> **こんなネタです！**
>
> 　朝，子どもたちが教室に入って来て先生に挨拶をする時，「おはようございます」の後に，何か一言，言わせます。
>
> **このネタの魅力**
>
> 　その一言から会話が生まれます。先生と子どもの1対1の関係を作るのに有効です。

すすめ方

① 教師は「挨拶＋一言」の意義を次のように話す。

　「挨拶は人と人との関係を作るうえでとても大切なものです。優秀な君たちにはレベルの高い挨拶に挑戦してもらいます。それは『挨拶＋一言』です。挨拶をした後に，何か一言，声をかけるとさらに関係を深めることができます」

② 「一言」で，どんなことを言えばよいのかわからない子もいるので，わかる子に例を出させる。

　「昨日，宿題がんばってやってきました」「今日はプールが楽しみです」「今日も掃除をがんばります」「先生，今日もお美しいですね」など。

③ 次の日の朝から，子どもたちは「挨拶＋一言」を実行する。教師は笑顔でそれに応えて会話をする。

成功のコツ

・恥ずかしがり屋の子，言葉が出てこない子には，最初は教師から一言を言うようにする。

（飯村）

② 1日のはじまりはなぞときで

> **こんなネタです！**
> 朝登校した子から，黒板に書かれているなぞなぞを考えます。
>
> **このネタの魅力**
> 子ども同士でなぞなぞを考え合うことで，つながりが強くなります。

すすめ方

① 教師は子どもたちが登校する前に，黒板になぞなぞを書いておく。
【例】背景に月も太陽もない場所とはどこ？（答え，北京。「背景」から「月」と「日」をとると，「北京」）

② 教師が何も言わなくても，書いておくだけで，教室に入ってきた子からなぞなぞを考え出す。難しい問題を書いておくと，子どもたちは相談する。

③ 教師は朝の会で答えを発表する。相談し，正解した子どもたちは手をとって喜び合う。

成功のコツ

・相談させて，子ども同士のつながりを強くすることが目的なので，難しめの問題にする。

・なぞなぞも選択問題にしたり，図を用いたりするなど，いろいろなバリエーションで出題するとよい。

（藤井）

③ 黒板にハッピーバースデイ

> **こんなネタです！**
>
> 子どもの誕生日の朝，黒板にメッセージと絵を書いてお祝いします。
>
> **このネタの魅力**
>
> 先生がクラスの子を大切に思っている気持ちを伝えることができます。また，黒板を見た子が次々にお祝いを言うので，誕生日の子はとても幸せな気持ちで1日をスタートすることができます。

.... **すすめ方** ....

① 教師は，子どもの誕生日の朝，黒板にお祝いのメッセージと絵を書いておく。
② 朝の会で，教師は「今日は，○○さんの誕生日です。朝△△さんが○○さんに『お誕生日おめでとう』と伝えていたよ」と言う。
③ 続けて教師は「まだ○○さんにお祝いを言っていない人は，『おめでとう』って伝えようね。○○さんはうれしいし，クラスの友達の誕生日をみんなでお祝いできるクラスは絶対素敵なクラスだよ」と言う。
④ 子どもたちは次々に「おめでとう」と言いに行き，クラスの人間関係が格段によくなる。

成功のコツ

- 教師は，全員の誕生日を絶対に忘れない。始業式までに誕生日があった子，休日が誕生日の子のお祝いも必ずする。
- 給食時に牛乳で乾杯したり，みんなでハッピーバースデイの歌を歌ったりすると，効果倍増。

(川本)

④ 健康観察でお題に答える

> **こんなネタです！**
>
> 健康観察の時に，子どもたちが決められたお題に答えます。
>
> **このネタの魅力**
> 友達と自分との共通点や，友達の意外な一面を知ることができます。

すすめ方

① 健康観察の時にお題を決める。お題は「好きな食べ物」「好きな教科」「好きな動物」「〇年生で楽しみなこと」「将来の夢」「今日のめあて」「好きな給食のメニュー」など。

② 教師は一人ひとりの名前を呼ぶ。子どもたちは「はい。ラーメンです」などと答える。

③ わざと順番をとばして呼んだり，自分の番ではない子を突然呼んだり，ノリがいい子を2回，3回くり返して呼んだりすると楽しい雰囲気になる。

成功のコツ

・子どもにお題を決めてもらっても盛り上がる。
・答えられない子がいたら，「後で教えてね」と優しく言い，最後に言ってもらう。
・あくまで健康観察なので，体調が悪い子にはそのことも忘れずに伝えるよう言う。

（飯村）

第3章　1日のはじめ　朝のアイディア

⑤ ハイタッチ健康観察

> **こんなネタです！**
>
> 毎日の健康観察で，クラス全員とテンポよくハイタッチをします。
>
> **このネタの魅力**
>
> クラス全体の一体感が高まります。また男女関係なく触れ合うので，異性を意識して避けはじめる高学年にも有効です。

すすめ方

① 朝の健康観察の時，教師が1人ずつ名前を呼ぶ。
② 呼ばれた子は「ハイ！　元気です！」と返事をし，教室の後ろに行く。
③ 次に呼ばれた子も返事をして教室の後ろに行き，最初に呼ばれた子とハイタッチをして，その隣に並ぶ。
④ 呼ばれた人は順番に，後ろに並んでいる人全員とハイタッチをして隣に並んでいく。すると全員が全員とハイタッチすることができる。
⑤ 最後に教師がハイタッチをしに行き，教師とハイタッチをした子から席につく。

成功のコツ

- 名前を呼ぶ順番は，毎日変える。出席番号1番から呼んだ次の日は2番から呼ぶなど（その際，1番の子は一番最後になる）。
- 子ども同士の「イエーイ！」というような声かけは大いにほめる。
- 教師も一人ひとり簡単に声かけができるチャンスなので，「髪型変えたね」「元気いいね」などと言ってあげるとよい。

（藤井）

⑥ 机に付箋で目標を

> **こんなネタです！**
>
> 子どもが付箋に自分の目標を書きます。机の上に貼り，いつでも見えるようにします。
>
> **このネタの魅力**
>
> 子どもは目標を意識して1日を過ごします。また，先生は子どもの目標を知ることができ，子どものやる気を引き出す声かけができます。

すすめ方

① 教師は，子どもに大きな付箋を1枚ずつ配る。

② 子どもは，付箋に今日1日がんばる目標を書いて，机に貼る。

③ 教師は机間巡視を行い，子どもが付箋に書いた目標を把握する。

④ 教師は，子どもが書いた目標に沿って行動していれば，認めてほめる。また，子どもが目標に反した行動をとっていれば，「～さんは，○○を目標にしたんだね。それでいいのかな？」と注意する。

⑤ 帰る前に「今日1日，目標が達成できたかどうか？」のふり返りを行う。達成できた子をほめる。また達成できなかった子を励ます。

成功のコツ

・「～をがんばる」などのような抽象的な目標ではなく，回数などを入れ，できたか？ できていないか？ が明確な目標を書かせる。

（川本）

⑦ 今日は何色？

> **こんなネタです！**
>
> ペットボトルのフタの裏に絵の具を仕込み，無色透明の水の色を一瞬にして変えます。
>
> **このネタの魅力**
>
> 子どもたちは何色に変わるのか集中して見ます。また，色が変わると歓声が上がります。緊張感のある楽しい雰囲気で1日をはじめることができます。

すすめ方

① 教師は，水の入ったペットボトル（フタなし）を取り出し，子どもたちに見せる。
② 「よ～くこのペットボトルを見とくんやで～」と教師は言いながら，フタを素早く閉め，ペットボトルを勢いよく振る。
③ フタの裏に絵の具を仕込んでいるので，一瞬で水の色が変わる。
④ 一瞬で色の変わったペットボトルを見て，子どもたちは「おぉ！」「すげぇ！」「○色や」と反応する。
⑤ 「明日は何色に変わるかな？ 予想しておいてね～」と言って，片づける。

成功のコツ

- 2回目からは何色に変わるのか予想させると盛り上がる。
- フタはシェイクする直前に閉めると，絵の具が垂れなくてよい。
- ペットボトルのラベルは，必ず外しておく。

（中條）

8 今日は何の日？

> **こんなネタです！**
> 過去のその日に起こった出来事を紹介します。
>
> **このネタの魅力**
> 歴史の事実を身近に感じ，歴史に興味を持たせることができます。

すすめ方

① 教師は，事前に今日が何の日か調べておく。インターネット等で調べるとよい（「今日は何の日」で検索すると，いろいろなホームページがヒットする）。

② 教師は「1603年の今日，2月12日は，……徳川家康が征夷大将軍に任じられ，江戸幕府を開いた日です」と子どもたちに紹介する。

③ 子どもたちは「へー，そうなんだぁ～」と興味を持って聞く。

成功のコツ

- その日に生まれた芸能人や歴史上の人物などを調べ，同じ誕生日の子どもに知らせてあげると面白い。
- 語呂で決められた記念日（例，10月2日＝豆腐の日）などはクイズ形式にすると盛り上がる。

（山根）

⑨ お楽しみBOX

> **こんなネタです！**
>
> 箱に入った名前の紙と質問紙を引いてランダムに答えさせます。
>
> **このネタの魅力**
>
> 誰が当たるかわからないドキドキ感が味わえます。また，質問が突拍子もないものだと笑いが起こり，1日を楽しくはじめられます。

すすめ方

① 箱（するめイカの入れ物など）を2つ用意する。一方にはクラス全員の名前が書かれた紙を，一方には質問が書かれた紙を詰めておく。

【質問例】「もし100万円あったらどうする？」「朝起きて，鏡を見ると異性になっていた！ さてどうする？」「好きな物を食べるのは，最初？ 最後？」「目玉焼きに何をかける？」など。

② 教師は名前の紙が入った箱から1枚引き，「……井上さん」ともったいぶって発表する。すると，子どもたちから歓声が起きる。

③ 教師は「井上さんに答えてもらう質問は，これ」と言って質問の紙が入った箱から1枚引く。そして，「ドラえもんの道具を1つだけもらえるとしたら，何？」とお題を発表する。

④ 当たった子に発表してもらう。ツッコんで理由も聞くと面白い。

成功のコツ

・質問の箱→名前の箱，の順番に引いても，盛り上がる。

（井上）

⑩ 仲間で集まろう！

> **こんなネタです！**
>
> 先生が出したお題の答えを言って，仲間で集まります。
>
> **このネタの魅力**
>
> 空気の重たい朝。無理なく大きな声を出すことができ，子どもたちが元気になります。また，いろいろな友達と接することができます。

すすめ方

① 教師は「今から仲間集めゲームをします。先生がお題を言います。そのお題の答えを元気な声で言い，仲間を集めましょう。制限時間は30秒です」と言う。

② 教師が手本を見せる。例えば，「好きな色」というお題なら，「赤！　赤！　赤！」と手を挙げ，仲間を集める動きをする。

③ 教師が「最初のお題は，好きなアニメ。用意スタート！」とお題を指定し，ゲームをはじめる。子どもたちは口々に「ワンピース！」「クレヨンしんちゃん！」などと言い，仲間を集める。

④ 30秒経ったら，おわりの合図をして座らせる。そして，グループごとに何の集まりなのか発表させる。

⑤ お題を変えて，数回くり返す。

成功のコツ

・お題は，子どもの実態に合わせ，楽しく取り組めるものにする。例えば，「好きな遊び」「好きなお菓子」「好きなキャラクター」「住んでみたい都道府県」「行ってみたい国」など。

(川本)

⑪ ホワイトボードで「絵しりとり」をしよう

> **こんなネタです！**
>
> 各グループごとに協力して，ホワイトボードで「絵しりとり」をします。描いた数を競い合って楽しみます。
>
> **このネタの魅力**
>
> ホワイトボードを使うことで，一人ひとりの活動量が増えます。朝から友達と仲良く楽しむことで元気に1日のスタートが切れます。

すすめ方

① 机を班の形にし，各グループにホワイトボードを1枚ずつとマーカーを1本ずつ渡す。

② 教師は「今から絵しりとりリレーをします。絵しりとりは，絵でするしりとりです。例えば，最初の人がゴリラの絵を描いたら，次の人は『ら』ではじまるものの絵を描きます。どれだけたくさんの絵が描けるか勝負です」と簡単にルールを説明する。

③ 教師は「マーカーはバトンです。5分間にたくさんの絵を描いたグループが勝ちです。よーい，スタート」と言う。子どもたちは，ホワイトボードを囲んで楽しんで「絵しりとり」を行う。

④ 時間がきたら，グループごとに数を発表する。一番多かったグループには賞品の拍手を贈る。

成功のコツ

・1グループの人数は4人以下がよい。

(川本)

チーム対抗ワワワワリレー

> **こんなネタです！**
>
> チーム対抗のリレー方式で黒板に円（輪）を書いていくゲームです。
>
> **このネタの魅力**
>
> チームで協力して取り組むことで，子どもたち同士の人間関係がよくなります。また，単純に盛り上がって楽しめるゲームです。

すすめ方

① 教師は「今からワワワワリレーというゲームをします。交代で黒板に円（輪）を書いていき，5分以内に何重の円が書けるか勝負です。ただし，線が重なったら，アウト。その円はカウントしません」と言う。

② 座席の縦列をチームにする。黒板をチームの数に分け，どのチームがどこに円（輪）を書くのか決めておく。
③ 教師の「よーい，スタート」の合図でゲームスタート。子どもたちはチョークをバトンにして，リレー方式で順番に円を書いていく。
④ 5分経ったら，教師が各チームの書いた円をカウントする。そして，一番多く書けていた優勝班に拍手を贈る。

成功のコツ

・協力が目的であることを伝え，失敗した子に文句などを言わないようにさせる。

（中條）

⑬ 今日の全力宣言！

> **こんなネタです！**
> 子どもたちが，1日の目標を全力の声で宣言していきます。
>
> **このネタの魅力**
> 朝から大きく元気な声を出すことで，子どもたちのやる気が出ます。

すすめ方

① 教師は「今から今日の全力宣言をはじめます。よろしくお願いします」と言う。子どもたちも続けて「よろしくお願いします」とクラス全員で声をそろえて大きな声で言う。

② 続けて教師は「今日の全力宣言できる人？」と問う。子どもたちは「はいっ！」と元気よく言って，ピシッと手を挙げる。

③ 教師は，手の挙げ方に勢いのある子を指名する。教師は「○○君」と名前を呼び，指名された子は「はいっ！」と返事をする。

④ 指名された子は「おはようございます！」と言い，他の子も続いて，声をそろえて「おはようございます！」と言う。

⑤ 指名された子は「僕の今日の目標は，掃除を一生懸命して，学校をきれいにすることです。よろしくお願いします！」と言う。他の子も続けて「よろしくお願いします！」と声をそろえて言う。

⑥ 宣言した人にクラス全員で拍手を贈る。教師は簡単にコメントして，次の子を指名する。

成功のコツ

・「将来の夢」など，いろいろなお題で宣言させるとよい。

(中條)

第4章
1日のおわり
「さようなら」前のアイディア

　みなさんは,「1日のおわり」をどのようにしていますか？

　子どもたちが帰る時，ランドセルを背負って笑顔になる。
　そんな「1日のおわり」を上手に演出し，子どもたちに「今日1日楽しかったな」「明日も学校に来たいな」と思ってほしいですね。

　ここで紹介しているネタを「さようなら」の前に使ってみてください。
　教室に笑顔があふれること間違いなしです。

① 小さな福の神

> **こんなネタです！**
>
> 子どもたち1人ひとりがクラスの誰かの福の神になります。福の神は，取り憑いた相手によいことをします。
>
> **このネタの魅力**
>
> 教室中が親切な行動であふれます。また，自分が誰の福の神か他の人にわかってはいけないので，バレずによいことをする楽しさと，友達が誰の福の神をしているのかを考える楽しさがあります。

① 朝，子どもは，紙に自分の名前を書いて教師に提出する。
② 教師は集めた紙をシャッフルして配る。
③ 教師は次のように説明する。「今日1日，みんなは配られた紙に書いてある名前の人の福の神になります。福の神はその人に取り憑いて，気づかれないようにその人のためになることをします。たくさんよいことをしてくださいね」

④ 子どもたちはよいことをして，紙に記録する。
⑤ 帰りの会で，よいことを記録した紙にメッセージを添えて本人に渡す。予想外の人が福の神だと子どもたちはビックリ！

成功のコツ

・バレないようにするためには，取り憑いている人以外の人にも積極的に親切なことをすればよいことを伝える。

（飯村）

② 運命の相手

> **こんなネタです！**
>
> 自分のカードの片割れを持っている相手を探し，一緒にクイズを解きます。
>
> **このネタの魅力**
>
> 自分の相手を見つけるために，子どもたちはクラスみんなに話しかけます。また，一緒にクイズを解くことで友情が深まります。

すすめ方

① 教師はクラスの人数の，半分の枚数の紙を用意する。そして，その紙にクイズをコピーし，1枚1枚を適当に2つに切る。

② 紙をシャッフルしてクラス全員に1枚ずつ配る。

③ 教師は「自分が持っている紙とぴったり合う紙を持った運命の人を探します。運命の人が見つかったら，紙に書いてあるクイズを一緒に解いてください。クイズの答えがわかったら，先生のところに来て答えを言い，『さようなら』します」とルールを説明する。

④ 子どもたちは運命の人を見つけようと，友達に積極的に声をかける。また，早く「さようなら」できるように，運命の人と一緒にクイズの答えを相談して考える。

成功のコツ

- 運命の人が見つかったら，「イェーイ！　よろしくね！」と言ってハイタッチさせる。違ったら「またね」と握手をさせる。スキンシップさせることで，子どもたち同士の距離がグッと近くなる。

(岩永)

③ すばらしいことがありました

> **こんなネタです！**
>
> 1日のおわりに，先生が「今日，すばらしいことがありました」と言います。子どもたちは何がすばらしかったのかを考えます。
>
> **このネタの魅力**
>
> 1日のおわりに，子どもたちが1日をふり返ることができます。どんな行動がすばらしかったのかを考え伝え合うことで，よいことに目を向ける力を育てます。また，先生も，気がついていなかった子どものよい行動を知ることができます。

すすめ方

① 教師は帰りの会で「今日，すばらしいことがありました」と言う。
② 続けて「何があったかわかりますか？」と子どもたちに聞く。
③ 子どもたちは，自分たちの1日の行動をふり返って，よかったことを発表する。「全員が時間を守って席に着いていた」「○○君がゴミを拾っていた」「○○さんが一生懸命歌っていた」など。
④ 教師は「先生がすばらしいと思ったことは〜〜です。でも，それ以外にもこんなにたくさんのすばらしいことがあったのですね。今日もよい日でしたね」と話す。

成功のコツ

・毎日くり返すことで，多くのよいことを見つけることができる。
・子どもたちから意見が出てこない場合は，「給食の時」などと場面を限定するとよい。

(飯村)

④ 幸せボランティア

こんなネタです！

下校前，みんなが気持ちよく帰れるようにボランティアします。

このネタの魅力

子どもたちは「自分に何ができるか？」と考え，積極的に教室の整理整頓をするようになります。

すすめ方

① 教師は「みんなが気持ちよく帰れるようなボランティアって，どんなことがあるかな？」と言い，子どもたちに考えさせる。

② 続けて教師は「今から1分間のボランティアタイムを取ります」と言い，ボランティアさせる。

③ 子どもたちは，棚，机，椅子の整理整頓，ゴミ拾い，トイレのスリッパを並べるなど，自分で考えたボランティアを行う。

④ グループでどんな活動をしたか紹介し，お互いに拍手する。

⑤ 教師は「このようなボランティアをすれば，みんな幸せな気持ちで帰れるし，明日も気持ちよく学校に来ることができるね！」と話す。

成功のコツ

・1人で考えて活動しにくい場合は，ペアトークで活動を決めて，ペアで行う。

（岩永）

⑤ チューリップ

> **こんなネタです！**
>
> 今日1日でがんばったと思うことをチューリップの絵の中に書きます。チューリップの絵の周りに，友達がちょうちょの絵を描き，その中にコメントを書きます。
>
> **このネタの魅力**
>
> 友達のがんばりをお互いに認め合うようになります。また，保護者の方も見るので，友達と認め合っている様子をうれしく思い，学級への安心感が高まります。

すすめ方

① 帰りの会で，連絡帳にチューリップの絵を描かせる。そして，その中に自分が今日1日で一番がんばったことを書かせる。
② 連絡帳を班で回す。班の人は，回ってきた連絡帳を読み，ちょうちょの絵を描く。そして，その中に「見てたよ。がんばってたね」「今度僕にもやり方を教えてね」などコメントを書く。
③ 子どもたちは返って来た連絡帳をうれしそうに読む。

成功のコツ

・批判的なことは書かない約束をする。
・自分のがんばりが見つけられない子には，「いつもよりちょっと字をきれいに書いた」というような，どんな小さなことでもいいと伝えておく。

(藤井)

⑥ きらきらタイム

こんなネタです！

帰りの会で「今日1日で一番輝いていた人」を紙に書かせ，発表させます。

このネタの魅力

全員必ず誰かをほめなければいけないので，1日の中で友達のよいところを探すようになります。

すすめ方

① 帰りの会で「今日1日で一番輝いていた人」とその理由を小さい紙に書かせる。
② 何人かに発表させる。
③ 一番輝いていたと言われた子に全員で拍手を贈る。また，その輝きを見つけた子にも拍手を贈る。
④ 発表できない人もいるので，書いた小さい紙は全員相手に渡すようにする。

成功のコツ

・同じ友達ばかり書く人がいれば，朝の会で「今日は今まで書いたことがない人の輝いているところを見つけよう！」と言っておく。

（藤井）

7 今日の自分，何点？

> **こんなネタです！**
>
> 帰りの会の最後，今日の自分に点数をつけてふり返らせます。
>
> **このネタの魅力**
>
> 今日の自分はイケてたのか？ ダメだったのか？ 子ども自身に自己採点させ，反省と目標を宣言させて，明日への成長を促します。

すすめ方

① 教師は，帰りの会の最後に「今日1日の自分自身をふり返りましょう」と言う。

② 続けて「ふり返ってみて，『今日の私は最高にイケてた』という人は4点。『全然ダメだった』人は1点です」と説明する。

③ 教師は「4点だった人は手を挙げます」と4点，3点，2点，1点と聞いていく。子どもたちは「はいっ」と言って手を挙げる。

④ 手を挙げた子に「あなたは，なぜ○点にしたのですか」と問う。「授業中，集中できずに先生に叱られたからです」「明日はどうしますか？」「もっと集中して，がんばります」などのやりとりをする。

⑤ 最後に「全員，目を閉じて。明日，自分ががんばろうと思うことをイメージしなさい」と言う。そして，30秒後，「目を開けて静かに立ちなさい」と言い，帰りの挨拶をしておわる。

成功のコツ

- 「自分を厳しく評価する人はえらい」「自分を正しく評価できる人は成長できます」など，自己評価の大切さをくり返し説く。

(中條)

⑧ 休んだ子にメッセージを送ろう

> **こんなネタです！**
>
> 休んだ子に，クラス全員でメッセージを送ります。
>
> **このネタの魅力**
>
> メッセージを受け取ったお休みの子は，友達に感謝し，早く学校へ行こうとします。また，それを見た保護者は，クラスの温かさを感じてくださいます。

すすめ方

① 教師は「学校を休んだ事がある人？」と聞く。多くの子が手を挙げる。
② 続けて教師は「休んだ時，どんな気持ちだった？」と聞く。子どもたちは「さみしかった」「つまらなかった」「早く友達に会いたかった」等の意見を発表する。
③ 教師は「学校を休むと，さみしいしつまらないよね。○○ちゃんも，今，きっとそんな気持ちだよ。そんな○○ちゃんにみんなのメッセージを届けてあげようね」と言い，黒板に紙を1枚貼る。
④ 子どもたちはその紙に休んだ子へのメッセージを書き込む。
⑤ 「さようなら」の前に，お休みの子の近所の子にメッセージを届けてもらうようお願いする。

> **成功のコツ**
>
> ・休み時間を利用して書かせると，授業時間を使わなくてすむ。
> ・教師主導でなく，担当を決めて子どもにやらせるとよい。

(山根)

⑨ なりきり！ アーティスト

> こんなネタです！

アーティストになりきって，自分の特技を帰りの会で披露します。

このネタの魅力

友達の新たな一面やよさに気がつくことができます。

すすめ方

① 教師は「帰りの会で特技を披露してくれる人？」と言い，立候補を募る。
② 立候補した子を集め，いつ，どのくらいの時間で，どんなことをするのか打ち合わせをする。
③ 帰りの会がはじまる前，司会の日直に打ち合わせをした内容のメモを渡す。
④ 司会の「田中さんの『エアギター・サンディマンディチューズディ』です。どうぞ！」などの簡単な紹介と，みんなの拍手で開始する。

成功のコツ

・成功しても失敗しても，拍手で締めくくることを約束する。

（岩永）

⑩ 文字数限定しりとり

> **こんなネタです！**
>
> 「文字数限定しりとり」に合格すれば，「さようなら」できます。

このネタの魅力

全員が必ずクリアできるので，達成感があります。

すすめ方

① 教師は「『文字数限定しりとり』をします。例えば，先生が『かいもの』と言ったら，『かいもの』は4文字。『の』ではじまる4文字の言葉が言えれば，合格。『さようなら』できます」とルールを説明する。

② 「制限時間は，30秒です。言葉を思いついたら，立ってください。第1問。『小型台風』」と教師が出題する。子どもたちは，指で文字数を数え，「う」ではじまる7文字の言葉を考える。

③ 30秒後，立っている子に言葉を言ってもらう。「浦島太郎」「ウルトラの母」など，「う」ではじまる7文字の言葉を言えた子は「さようなら」。拍手をして，みんなで見送る。

④ 「図画工作」（6文字），「かたつむり」（5文字），「コンパス」（4文字）というように，文字数を減らしていく。

⑤ 「くま」（2文字）で間違いなく全員が「さようなら」できる。

成功のコツ

・立っている人数が多い時は，隣の子に言えたら「さようなら」させるといい。

（中村）

⑪ テッテッテッテッテレパシ〜
—必ず帰れる編—

> **こんなネタです！**
> 隣の人と同じ本数の指が出せたら「さようなら」できます。
>
> **このネタの魅力**
> 成功して笑顔。失敗しても笑顔。隣の子との友情が深まります。

すすめ方

① 教師は「『テッテッテッテッテレパシ〜イ』の『イ』に合わせて，1本から5本のどれかを出します。隣の人と同じ本数が出せれば，合格。『さようなら』できます」とルールを説明する。

② 子どもたちは隣の人と向かい合い，「テッテッテッテッテレパシ〜イ」と手を振りながら言う。そして，最後の「イ」で1本から5本の指を出す。

③ 同じ本数を出せたペアは「さようなら」を言って帰る。

④ 教師は「少しハードルを下げてあげよう。今度は1本指から4本指までね」と言い，子どもたちに再挑戦させる。

⑤ 1〜4本，1〜3本，1〜2本とハードルを下げていく。最後は1本指だけでやる。もちろん全員が必ず成功して，「さようなら」できる。

成功のコツ

・1本指だけでやる時も，「同じ本数が出せるかなあ」と真面目な顔で言うと，笑いが起きる。

(中村)

12 「指—1(ゆび ワン)」勝負に勝ったら帰れますグランプリ

こんなネタです！

帰る用意をした後，クラス全員で指相撲をします。指相撲に勝ったら相手に「さようなら」と言って帰ります。

このネタの魅力

いろいろな友達と遊んで笑顔で帰ることができます。

すすめ方

① 教師は「今から『指—1』勝負に勝ったら帰れますグランプリをします」と言う。子どもたちは「イエーイッ！」と盛り上がる。

② 続けて教師は「2人組になって指相撲をします。3秒押さえると勝ちです。勝ったら帰れます」と説明する。

③ 全員が指相撲を行い，勝った子は喜んで帰っていく。負けた子は，残っている子と2人組になり，再び指相撲をする。勝てば帰れる。

④ 5分経ったら，終了。残っているメンバーで「さようなら」する。子どもたちは「明日こそ勝って帰るぞ！」とリベンジを誓う。

成功のコツ

・「両手指相撲」という遊びも楽しい。両手で指相撲を行い，右手でも左手でも3秒相手の指を押さえれば勝ち。

（川本）

13 ハイタッチで「さようなら」

> **こんなネタです！**
>
> 全員で「さようなら」の挨拶をした後，子どもたちは先生と日直の子とハイタッチをして帰ります。
>
> **このネタの魅力**
>
> 先生と子どもたちが1日の最後に楽しくコミュニケーションを取り，笑顔で帰ることができます。また，ハイタッチの様子から子どもたちの状態を知ることができます。

すすめ方

① 全員帰る用意ができたら，日直は前に出る。
② 全員で「さようなら」の挨拶をする。
③ 子どもたちは，教室の扉の前で教師と日直とハイタッチをして帰る。

④ ハイタッチをする時にコミュニケーションが生まれ，子どもたちは笑顔になる。また，教師と子ども，子ども同士が仲良くなる。

成功のコツ
- 教師は，笑顔でハイタッチをする。
- 毎日欠かさず行い，全員が日直としてハイタッチできるようにする。

(川本)

⑭ 楽しかったことで黒板いっぱい

> **こんなネタです！**
>
> 子どもたちの手で黒板を楽しかったことやうれしかったことでいっぱいにします。
>
> **このネタの魅力**
>
> 普段さわることのない黒板に，字や絵を書けることに子どもたちは大喜びです。うれしさが増し，喜びをクラスみんなで共有することができます。

──────── **すすめ方** ────────

① 「さようなら」の前。教師は「今日あったいいことを黒板に書きます」と言う。
② 1班から順番に今日あったいいことを1分間で黒板に書いていく。文字だけでなくイラストをつけてもOK。
③ 子どもたちは大喜びで黒板に文字や絵を書く。
④ すべての班が書きおわったら，教師はその中のいくつかを紹介する。そして，「今日こんなに書けたんだから明日はもっとたくさんいいこと起こるよ！」と言って「さようなら」する。
⑤ 黒板を消さずに残しておくと，登校した子どもたちが昨日あった楽しかったことを思い出し，おしゃべりをする。

成功のコツ

- **多発するネタではない。**クラスの雰囲気が暗く，子どもたちを前向きにしたい時などに限定して行う。

（井上）

15 閉店間際のBGM

こんなネタです！

帰りの挨拶をした後で，「蛍の光」の音楽を流します。

このネタの魅力

子どもたちは笑顔で元気に教室を出ていきます。

すすめ方

① 「さようなら！」と元気よく挨拶した後，教師はCDラジカセのスタートボタンを押す。
② 教室にBGM「蛍の光」が鳴りはじめる。「うわぁ，なんかお店屋さんみたい」と子どもたちは大喜び。
③ 教師は，扉の横に立ち，「またのお越しをお待ちいたしております」と言いながら，教室を出ていく子どもたちを見送る。
④ まだ教室に残っている子どもがいれば，教師は「お急ぎください。間もなく，○年○組は閉店いたします。本日のご来校，誠にありがとうございました」と言う。
⑤ 子どもたちは笑顔で帰って行く。全員を見送って，施錠する。

成功のコツ

・挨拶後，素早く動いて，教師は扉のところに立つとよい。
・帰りの雰囲気に合う曲をいろいろ変えてみたり，教師がアカペラで歌ったりしても，面白い。

（中條）

第5章
授業のはじめ

授業導入のアイディア

　「授業のはじめ」は，子どもたちとの真剣勝負のスタートです。

　子どもたちは「何がはじまるんだろう？」と期待しています。

　「驚き」と「笑い」と「期待感」で授業をはじめましょう。

　子どもたちの「よしっ！　やるぞっ！！」という意欲を出させる。

　そして，教室の雰囲気を一気にのせる。

　そうすれば，後の展開はスムーズに流れます。

　また，「この先生は，何かやってくれるんじゃないか」という期待感こそが，教師と子どもたちの信頼関係を築くことにつながります。

　「授業のはじめ」＝「ツカミ」は，学習意欲を高めるうえで，教師にとって大変重要な仕事です。

① チーム対抗やる気プロジェクト

> **こんなネタです！**
>
> 授業の開始をスムーズに行うために，休み時間の過ごし方をポイント制でチェックします。
>
> **このネタの魅力**
>
> チーム対抗でポイントを競うので，子どもたちはゲーム感覚で楽しみながら授業の準備をします。

すすめ方

① 教師は「チーム対抗やる気プロジェクトをはじめます」と宣言する。

② 続けて「授業の最初，教科書とノートが机の上に出ていれば1ポイントです。今日1日，班で何ポイントゲットできるか勝負です」とルールを説明する。

③ 毎時間，授業のはじまりに何ポイントゲットできたかチェックする。

④ 1日の最後の授業で，各班のポイントを発表する。そして，一番多くのポイントをゲットしていた班に賞品の拍手を贈る。

成功のコツ

- 「机や椅子の整頓ができていれば1ポイント」「手洗い・うがいができていれば1ポイント」など加えてもよい。
- 男女対抗で行うとさらに盛り上がる。

（神山）

② ミッションウォークラリー

こんなネタです！

授業のはじめに先生が複数のミッションを出します。子どもたちはすべてのミッションをクリアしようと教室を歩き回ります。

このネタの魅力

友達と競争しながら、楽しく前時の復習や基本の習熟ができます。

すすめ方

① 教師は「ミッションです。今から言うことをしなさい」と言う。
② 「1．自分の席で教科書〇ページの音読。2．後ろの黒板の前で漢字『〇』を5回空書き。3．先生にタッチ」「1．自分の席で黒板の問題を解く。2．ものさしで自分のランドセルの横の長さを測る。3．先生に台形の面積の公式を言う」などのミッションを出す。
③ 教師の「よーい。スタート」の合図で、子どもたちはミッションに挑む。すべてのミッションをクリアしたら終了。

成功のコツ

- ミッションの内容を黒板に箇条書きしておくと、子どもたちは動きやすい。
- クリアした子に空白時間が生じないように、クリアした後は何をしているのか約束事を決めておく。「黙って読書」など。
- ミッションは全員が2，3分でクリアできるものにする。
- 体育の準備運動でも使える。「1．校庭1周。2．鉄棒の逆上がり。3．ジャングルジムの一番上をさわる」など。

（飯村）

③ 問題をよく読もう

こんなネタです！

　先生が超難問を出題します。しかし，実はよく読めば，とっても簡単な問題です。

このネタの魅力

　問題をよく読むことが重要であると，子どもに気づかせることができます。

すすめ方

① 教師は，次のような問題を作り，クラスの人数分印刷する。
【出題例】

　恵理子さんは1.5kmの道のりを，時速3kmで歩いています。由美子さんは2kmの道のりを，時速2.5kmで歩いています。恵理子さんは途中で自転車を見つけ，5分間立ちどまりました。その後，自転車に乗って，時速6kmで移動しました。由美子さんは歩くのをやめ，時速4kmで走り出しました。その後，恵理子さんは自転車を降り，時速2kmで歩き出しました。由美子さんはつかれたので，時速2kmで歩き出しました。その後，恵理子さんはお母さんの車に乗せてもらい，時速40kmで移動しました。また，由美子さんはタクシーに乗り，時速45kmで移動しました。その後，恵理子さんは自動車を降り，再び，時速3kmで歩き出しました。由美子さんはタクシーを降り，時速3kmで歩き出しました。その後，恵理子さんはバスに乗り，時速30kmで移動しました。由美子さんは電車に乗り，時速70kmで移動しました。恵理子さんはバスを降り，

再び，時速1kmで歩き出しました。由美子さんは電車を降り，時速2kmで歩き出しました。ところで，1＋1はいくつでしょう。

② 教師は，深刻な顔で「今日の問題は相当難しいです。君たちに解けるでしょうか？」と言い，プリントを配る。
③ 真剣に取り組み，最後まで読んだ子は笑い出す。しかし，よく問題を読まない子どもは，はじめから投げ出す。

④ 全員で音読すると，子どもたちはこの問題のくだらなさに気がつくことができる。
⑤ 教師は，問題をよく読むことの大切さを伝える。

> 成功のコツ
>
> ・教師は，たくさんの数字を使い，できるだけ難しそうに見える問題を作成する。
> ・最後の一文は「1＋1はいくつでしょう」ぐらいのわかりやすい簡単な問題が面白い。

※立命館小学校の陰山英男氏に教えていただいた。　　　　（山根）

④ フラッシュカードリレー

> **こんなネタです！**
> 　クラス全員が1人ずつ順番にフラッシュカードを読み上げます。何秒で全員が読みおわるか？　新記録に挑戦します。
>
> **このネタの魅力**
> 　授業のはじめに短時間で取り組めます。どんどんタイムが速くなるので，学級のがんばりを可視化することができます。

すすめ方

① 　教師は，九九，漢字の読みなど，その時学習している内容のフラッシュカードを用意する。
② 　授業はじめの挨拶がおわった瞬間に，教師は「〇〇リレー，今日は△△さんから。用意はじめ」と言う。
③ 　教師は素早くフラッシュカードを次々と見せる。子どもたちは，席順にカードを読み上げる。
④ 　全員読みおわるのに何分かかるか，タイムを計っておく。
⑤ 　教師は記録を発表する。新記録が出たら，みんなで喜び，公式記録として残す。

成功のコツ

・黒板に最高記録を書いておくと，子どもたちは目標タイムがわかりやすく，やる気になる。

(吉川)

⑤ 先生と返事勝負！

子どもたちと先生，どちらが早く返事ができるか勝負です。

このネタの魅力

ゲーム感覚で楽しみながら，大きな声でしっかりと返事をする子を増やすことができます。

すすめ方

① 子どもたちの返事が遅かったり，小さかったりする時。教師は「この授業時間，先生と君たちどちらが早く大きな声でしっかりと返事ができるか勝負をしましょう」と言う。

② 「～ですよね？」「～いいですか？」と教師が言った後，「はいっ」と教師も子どもも返事をする。

③ 先に返事をしたほうが勝ち。子どもたちは，教師より早く大きな声で返事をしようとがんばる。

④ 教師が勝てば「先生の勝ち～！」と得意げに言う。子どもが勝てば「君たち，やるなあ。負けちゃった」と悔しそうに言う。子どもたちは大喜び。

成功のコツ

- 判定はあいまいでよい。教師主導で子どもたちとコミュニケーションを取りながら行う。
- 黒板にいい返事ができた子の名前と回数を書くとさらに盛り上がる。

（川本）

⑥ 大事なことは全部，音

> こんなネタです！

先生が指示する大事なことを，すべて擬音語で表現します。

このネタの魅力

擬音語で指示すると子どもたちは笑顔になります。また，子どもたちに大事なことを強く印象づけられます。

すすめ方

① 授業の最初。教師は，いきなり大きな声で「姿勢がよい時，背中はビシッ！」と言う。子どもたちは大声に驚き，背筋を伸ばす。
② 姿勢のいい子を「○○さん，座る姿勢が美しい」とほめる。すると，他の子もほめられたくて，さらに背筋を伸ばす。
③ さらに教師が「続きまして……足の裏を，床にペタッ！」と言うと，子どもたちは足の裏を床につけて座る。
④ 子どもたちの姿勢がよくなったところで授業をはじめる。

成功のコツ

- 他にも，「手の挙げ方は，まっすぐ天井に向けて，ビィシィッ！」「起立は，スッ！」「気をつけ，ズンッ！」「椅子入れ，ソォーッ」などが使える。
- 「姿勢がよい時」（教師）「背中はビシッ！」（子ども），「足の裏を」（教師）「床にペタッ！」（子ども）など，教師と子どもがかけ合いで言うようにしても有効。

（中條）

⑦ ハイハイリレー

> **こんなネタです！**
> 子どもたちが順番に「ハイッ」と元気よくテンポよく返事をします。
>
> **このネタの魅力**
> 声出しをするので，子どもたちを元気にして授業がはじめられます。

すすめ方

① 「今から，教室でリレーの練習をします！」と教師は言う。子どもたちは「教室でリレー」の言葉にハテナ顔。
② 続けて教師は「ルールは簡単です。元気のよい『ハイッ』という返事がバトンです。一人ひとり手を挙げながら『ハイッ』と返事をして，次の人へバトンを渡していきましょう」と説明する。
③ 「では，先生からスタートしますよ。よ〜い，ハイッ！」とはじめる。「ハイッ」「ハイッ」……子どもたちは席の順番に返事をする。
④ 「○○君と○○さんの返事が特に元気よくてよかったなあ」と教師はよかった子をほめて授業をはじめる。

成功のコツ

・全員が返事をしおわる時間を計るとよい。子どもたちはタイムを縮めようと，テンポよく返事をする。

（中條）

⑧ キックと整列　どっちが早い？？

こんなネタです！

ボールをキックした子が走って帰ってくるのと，キックしたボールを残りの子がキャッチし整列するのと，どちらが早いか競わせます。

このネタの魅力

楽しみながら，早くきれいに整列する方法を身に付けさせることができます。

すすめ方

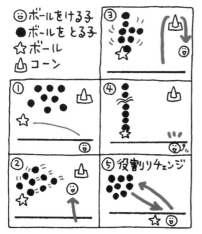

① 1人の子がボールをけり，残りの子はけったボールをとる。
② ボールをけった子は，体育館の端にあるコーンを回って帰ってくる。
③ ボールをとった子を先頭に，他の子は一列に整列して座る。
④ ボールをけった子が帰ってくるのが早いか？　残りの子が整列して座るのが早いか？　勝負する。勝ったほうに拍手を贈る。
⑤ キックする子を交代して，くり返し行う。

成功のコツ

・コーンの位置をボールをける場所に徐々に近づけると，子どもたちは早く整列しようとがんばる。

(山根)

BGM で静かに集中

> **こんなネタです！**
>
> 作業中，小さな音で子どもたちの好きな音楽を流します。
>
> **このネタの魅力**
>
> 子どもたちは音楽が聴きたいので，おしゃべりしなくなります。

すすめ方

① 図工の授業前，教師は「今から君たちの好きな音楽をかけるよ。小さい音でかけるので，静かに聞いてくださいね」と言う。

② 小さい音で，子どもたちの好きな音楽をかけ，作業をさせる。

③ 子どもたちは，音楽が聴きたいので，おしゃべりをせず集中して作業に取り組む。また，おしゃべりする子がいると，「しー」と子ども同士で注意する。

成功のコツ

・事前にアンケートをとり，子どもたちの好きな曲でクラスのオリジナル CD を作成するとよい。

・子どもにやっと聞こえるくらいの，小さい音でかけることが大切。

(山根)

⑩ ピッピッピッ，ピッピー，パンパン

> **こんなネタです！**
>
> 体育や遠足など広い場所で活動する時に使います。先生の笛の合図に合わせて，子どもたちは手をたたきます。その後は，先生の話を聞く体勢になるという約束を作ります。
>
> **このネタの魅力**
>
> 「静かにしなさい」「話を聞きましょう」と言わなくても子どもたちは静かになり，話を聞くことのできる状態になります。特に聞くことが苦手なクラスに効果的です。

すすめ方

① 教師は「外で話を聞く時の合図を決めます。先生が笛をピッピッピッ，ピッピーと吹いたら，笛に合わせてパンパンと手をたたいてください」と言う。
② 練習すると，子どもたちは笑顔で手をたたく。
③ 教師は笛を吹くのをやめ，「笛の合図がおわったら，話を聞く状態を作ります」と言う。子どもたちはおしゃべりをやめ，ピシッとする。
④ 実際にいろいろな場面でくり返して行う。すると，教師が笛を吹くだけで静かになり，話を聞く体勢になることが定着する。

成功のコツ

・整列と集合の約束を決めておく（整列は並んで集まる。集合は，教師が手を広げた角度内3メール以内に集まるなど）。

(川本)

11 みんなハラハラ，最初に当たるのは誰？

> **こんなネタです！**
>
> はじめに発言する子をくじ引きで決定します。
>
> **このネタの魅力**
>
> 発言する子が固定化せず，クラスみんなを授業に参加させることができます。さらに，マグネットの名札をくじに使えば，発言の記録にもなり，一石二鳥です。

すすめ方

① 授業最初の発問の後，教師はマグネットの名札が入った箱を取り出す。そして「今から最初に発言する人をくじで決めます」と言う。子どもたちは「えー！」と言いながらもうれしそうな表情を見せる。

② 教師が「今日はじめに答えるのは……」と言いながら，くじを引く。子どもたちは，誰が当たるかドキドキしながら待つ。

③ 教師はもったいぶって「……中村くん」と名前を読み上げ，マグネットを見せる。子どもたちからは「おー！」という歓声が上がる。

④ マグネットはそのまま黒板に貼り，発言を板書に残す。

成功のコツ

・授業のはじめなので，誰でも答えやすい発問がよい。
・ずっとくじ引きで授業を進めていっても盛り上がる。

(吉川)

12 国語辞典で辞書クイズ

こんなネタです！

先生が辞書に載っている，ある言葉の意味を読みます。子どもたちは，その意味が説明している言葉は何か考えて答えます。

このネタの魅力

簡単に楽しく辞書の魅力に触れ，親しむことができます。また，授業の最初に行うと子どもたちの脳が活性化され授業に集中します。

すすめ方

① 授業の最初，教師は「今から辞書クイズをします。先生が辞書に載っている，ある言葉の意味を読みます。その言葉が何か考えてノートに書きましょう」と言う。

② 教師は「何かを隠して言わなかったり，うそ・ごまかしを言ったりすることがない様子」と辞書に書かれている意味を読み，子どもたちに1分間で答えをノートに書かせる。

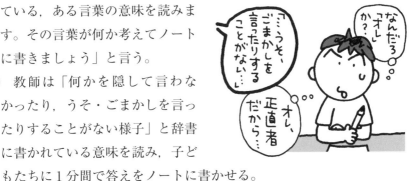

③ 「正解は，……『正直』でした」と教師が答えを発表すると，正解した子どもたちは「イエーイッ！」と喜ぶ。

成功のコツ

・数問出題し，正解数を競う形にしても楽しい。
・グループやペアで考えさせてもよい。

(川本)

⑬ 4コマ導入劇場

> **こんなネタです！**
> 授業の導入で前時の内容を4コマ漫画でふり返ります。
>
> **このネタの魅力**
> 4コマ漫画でポイントをしぼって，学習内容を思い出すことができます。

すすめ方

① 教師は前時の学習内容から「問題提起」「考え方」「表現・処理」「まとめ」の4つの場面で4コマ漫画を用意しておく。

② 授業開始の挨拶の後，「さあさあ，4コマ劇場のはじまり〜！『どちらが多い？』の巻！」と教師がタイトルコールをする。

③ 教師は紙芝居のように4コマ漫画を1枚ずつ見せ，ふきだし等漫画の内容を読み聞かせる。

成功のコツ

・「起承転結」のある授業展開を意識して行うことが大切。

（岩永）

14 英語授業で，マイ ネーム イズ ○○

こんなネタです！

最初の英語の授業で，金髪のカツラをかぶった先生が片言の日本語と英語で，自己紹介します。

このネタの魅力

英語に対する子どもたちの期待感が一気に膨らみます。

すすめ方

① 教師は，金髪アフロのカツラを被る。そして，「ハ〜イ，コンニチハ〜！」と，たどたどしい日本語を使いながら，勢いよく入室していく。
② 「My name is Yoshinori Nakajo. Nice to meet you.」と満面の笑顔で，前列の数人と握手する。
③ 続けて「ワッタシノ ス〜キナ タベモノハ〜 ヌードゥル デ〜ス。サァテ ヌードゥルトハ ナンノコト デショカァ？」と，英語と日本語を織り交ぜて，自己紹介し，質問する。
④ 子どもたちは勢いよく手を挙げ，答える。

成功のコツ

・子どもたちになじみのある身近な英語を織り交ぜて話すといい。簡単に予想できるので，英語に対する抵抗が減る。

(中條)

第6章
授業のおわり

授業の終末のアイディア

「おわりよければすべてよし」
　授業の最後は，子どもたち自身が「伸び」を実感できるようにしたいものです。
　自分の「伸び」だけでなく，一緒に学習している仲間の「伸び」も一緒にふり返る。そして，お互いの「伸び」を認め合う。
　そんな「授業のおわり」にしたいですね。

　「伸び」を実感させ，気分よく授業をおわりましょう。
　子どもたちは，きっと授業に満足し，次の授業も楽しみにするはずです。

① ギャラリーウォーク
―誰のノートが素敵？―

> **こんなネタです！**
>
> 授業の最後に教室でギャラリーウォーク（自由に立ち歩いて，静かに作品を鑑賞すること）を行い，友達同士ノートを見せ合います。
>
> **このネタの魅力**
>
> 友達の書いたノートのよいところをマネさせると，丁寧でわかりやすいノートを書くようになります。

すすめ方

① 教師は，授業のおわりに「今からギャラリーウォークをし，ノートを見せ合います。机の上にノートを広げましょう」と言う。

② 教師は「美術館で作品を鑑賞するように，友達のノートを静かに見て歩きます。がんばっているなあ，マネしたいなあと思う友達のノートの素敵なところを見つけましょう」と言い，ギャラリーウォークをはじめる。時間は，5分間。キッチンタイマーで計る。

③ ギャラリーウォークをおえた後，教師は「友達のノートの素敵なところを見つけた人は立ちましょう」と言い，発表させる。

④ 素敵なノートだったと言われた人に，全員で拍手を贈る。教師が素敵だなと思ったノートも，子どもたちに伝える。

成功のコツ

・授業のはじめに，「今日は授業の最後にギャラリーウォークでノートの見せ合いをするよ」と子どもたちに伝えておくとよい。
・日頃からノートを丁寧に書くことの大切さを伝えておく。

(川本)

② おつかれさま

こんなネタです！

ペアで肩もみをしながら，がんばったことをほめ合い，授業をおわります。

このネタの魅力

肩もみでつかれをとってリラックス。また，自分のがんばりをほめてもらい，ほっこりした気持ちになれます。

すすめ方

① 授業の最後。教師は「隣の人の肩もみをしながら，授業でがんばったことをほめてあげてください」と言う。

② 子どもは隣の人の肩もみをしながら「○○さん，大きな声で音読していたね。おつかれさま」など，がんばっていたことをほめる。

③ 教師の「交代しましょう」の合図で，肩もみをしてもらった子は，「ありがとう」と言って，交代する。

成功のコツ

・リラックスできるオルゴール曲などをBGMに使っても効果的。

（岩永）

③ 100字作文

> **こんなネタです！**
>
> 授業のふり返りを100字を目標に書きまくります。
>
> **このネタの魅力**
>
> 早くたくさん文章が書けるようになります。また、自分の伸びが感じられ、意欲的になります。

すすめ方

① 授業の最後、子どもは作文帳（20×20マスの原稿用紙形式のもの）を机の上に出す。
② 教師は「授業のふり返りを書きます。漢字でなくてもいいし、字も汚くていいです。とにかく1分間でたくさん書けた人がエライです。100字書けると、すごい！」と説明する。
③ 教師は「スタート！」と言い、1分間計る。子どもはひたすら書きまくる。教室には鉛筆の音だけが響く。
④ 教師は何字書けたかを聞き、たくさん書けた子をほめる。100字書けた子にはクラス全員で拍手を贈る。
⑤ 記録用紙に何字書けたかを記録させる。すると、文字数が増えていくことが目に見えてわかり、子どもたちに伸びを実感させられる。教師は、その伸びをほめることが大切。

成功のコツ

・書いた内容を30秒間で5・7・5にまとめさせると、要約の力がつく。【例】月のこと　知れば知るほど　不思議だな

(山根)

④ 授業の最後にキーワードを発表

> **こんなネタです！**
>
> 「しょ」「う」など，先生が授業の途中に1文字ずつ発表します。それらを合わせると，1つの言葉になります。
>
> **このネタの魅力**
>
> 先生の言葉を注意深く聞くようになります。

すすめ方

① 授業中，子どもたちがダレて来た時。教師は「今からこの授業のキーワードを発表していきます。7文字です。ノートの隅に○を7つ書きなさい」と言う。

② 授業を続け，再び子どもたちがダレて来たら，「2文字目は『う』」と発表する。子どもたちは2番目の○に「う」と書く。

③ さらに授業を続け，途中「7文字目は『し』」「5文字目は『た』」と発表していく。子どもたちは○に文字を書く。

④ 授業の最後，クラス全員に声をそろえてキーワードを言わせる。「聖徳太子」と見事キーワードを言えた子を立たせ，拍手を贈る。

成功のコツ

・「し」「と」「た」「く」「う」「い」「しょ」とランダムに発表し，どんな言葉になるか考えさせても面白い。

（藤井）

⑤ ポイント制

> **こんなネタです！**
>
> 発表した子に10点，手を挙げた子に5点，姿勢のいい子に20点など，先生が子どもにポイントを与え，合計点で勝負します。
>
> **このネタの魅力**
>
> たくさんのポイントをゲットしようと，子どもたちは意欲的に授業に取り組みます。

すすめ方

① 授業中，教師はいきなり「○○君，姿勢がすばらしい。20点ゲット！」と言う。そして，名簿に点数を記入する。

② 続けて教師は「すばらしい子には先生がポイントをあげます。この授業中，何点ゲットできるか勝負です」と言う。

③ 教師は，すばらしい子を見つけ，どんどんポイントを与える。「○○君がうなずきながら聞いてくれたから30点」「○○君の音読の声が大きいので10点」など。

④ 授業の最後，教師は「一番多くポイントをゲットしたのは，……210点の○○君！」と最高得点の子を発表する。そして，クラスみんなで賞品の拍手を贈る。

成功のコツ

- 点数は，適当でいい。また，成績には反映させない。あくまで「遊び」として楽しくやるのがコツ。

(中村)

⑥ ノート集めリレー

> **こんなネタです！**
>
> 授業のおわりに縦列でノートを後ろからリレーのように集めます。
>
> **このネタの魅力**
>
> 速さとキレイさを競わせると，ノートを素早く同じ向きで集めることができます。

すすめ方

① 授業のまとめがおわった時，教師の「ノート集め……」のかけ声で子どもたちは下敷きを抜く。

② 「開始！」と教師が合図すると，列の後ろの人から前の人へ「お願いします！」と言ってノートを渡す。渡された人は向きをそろえ，「お願いします！」と言って，また前の人に渡す。

③ 一番前の人はノートをそろえて，教師のところへ行く。そして，「お願いします！」と言い，ノートを教師に渡す。教師も賞状をもらうように大事に受け取る。

④ 一番速かった列は「スピード賞」，一番キレイだった列は「キレイで賞」として教師が発表する。

成功のコツ

・速さの勝ち負けだけでなく，相手を意識した渡し方やノートのそろえ方を重視すると丁寧に集められるようになる。

（岩永）

ありがとうございましたっ！

> **こんなネタです！**
>
> 授業がおわった時に，子どもたち同士が「ありがとうございましたっ！」と全力で言い合います。
>
> **このネタの魅力**
>
> 授業終了後，学び合った仲間に感謝の気持ちを伝え合うことで，信頼関係が生まれます。

すすめ方

① 授業後の号令「起立っ」の後，教師は「隣の子と向き合いなさい」と指示する。

② さらに，教師は「お互い向き合ったら，『ありがとうございましたっ！』と気持ちを込めて，言い合いましょう」と指示を加える。

③ 次に，「教室の中心を向きましょう」と指示する。

④ 「では，この時間に学び合った仲間とお互いにお礼を言い合います。ありがとうございましたっ！」と教師が言い，それに続けて子どもたちは「ありがとうございましたっ！」と全力で言う。

成功のコツ

- 子どもたちに「なぜ，お礼をするのか？」を考えさせてから，スタートするとよい。
- 授業後の号令は，最初は元気な声が出せる子に担当させるとよい。

(中條)

超高速モーション

> **こんなネタです！**
>
> 授業終了時の号令「起立→椅子入れ→気をつけ→礼→解散」の動作を超高速で行います。
>
> **このネタの魅力**
>
> 子どもたちにケジメをビシッとつけさせることができます。

すすめ方

① 授業終了時,教師は「起立っ！」と,大きな声で号令をかける。起立が遅ければ,何度でもやり直しさせる。

② 「椅子はきちんと入っていますか？」と,教師は子どもたちに確認する。できていなければ,着席させ,起立からはじめる。

③ おもむろに教師は「やすめ。気をつけっ！」と,連続で声をかける。子どもたちはサッと指示に従う。

④ すぐに教師は「礼。解散っ！」と続ける。子どもたちは素早く礼をして遊びに行く。

> **成功のコツ**
>
> ・一度,超低速でやらせてみて,気持ちがよいかどうか子どもたちに聞いてみるとよい。

(中條)

⑨ 「ステレオゲーム」で重要語句を確認する

> **こんなネタです！**
>
> 授業のおわりに，「ステレオゲーム」（4人が同時に言葉を言い，その言葉を当てるゲーム）でその授業の重要語句を楽しく確認します。
>
> **このネタの魅力**
>
> 重要語句を確認し，楽しくくり返し復習することができます。また，授業を楽しくおえることができます。

すすめ方

① 教師は，授業のおわりに「重要語句を『ステレオゲーム』で復習します」と言う。
② 教師は「その時間の重要語句の数＋1人」の子どもを出題者に指名し，教室の前に出す。そして，一人ひとりに重要語句を伝える。
③ 教師は「『ステレオゲーム』をはじめます。誰が何を言ったかノートに書きましょう」と言う。
④ 出題者は，教師の「せーのっ！」の声かけに合わせて，重要語句を同時に大きな言葉で言う。それを3～5回くり返す。
⑤ 最後に，教師は「○○さんの言っていた言葉は何でしょう？　せーのっ！」と言い，子どもは全員で授業の重要語句を大きな声で言う。

成功のコツ

・1人だけ重要語句以外の言葉（「○○先生かっこいい」やギャグなど）を言わせると盛り上がる。

(川本)

⑩ みんなが先生

> こんなネタです！
>
> 授業で書いた作文，作った作品，授業の感想文などを子どもたち同士でほめ合います。
>
> **このネタの魅力**
>
> 子どもたちは，ほめられることが大好きです。また，ほめることも大好きです。ほめられてうれしく，ほめてうれしい。楽しく授業をおわることができます。

すすめ方

① 子どもたちを2人組にする。そして，授業で書いた作文を交換させる。
② 教師は「今からみんなが先生です。友達の作文を読んで，よいところを見つけましょう。そして，見つけたよいところを赤鉛筆で書いてあげてください」と言う。
③ 子どもたちは，友達の作品をうれしそうに読む。そして，うれしそうに赤鉛筆でほめ言葉を書く。
④ お互いに書きおわったら，作文を返す。子どもたちは書かれたほめ言葉をうれしそうに見る。

成功のコツ

・図工の作品などは，ほめ言葉を書く紙を別に用意する。

（吉川）

⑪ 日直が発表！ 本時の MVP

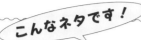

日直が授業中に活躍したと思う子を MVP として発表します。

このネタの魅力

MVP に選ばれたくて，子どもたちは意欲的に学習します。

すすめ方

① 授業の最後，日直が「この授業の MVP は，……○○君！」と発表する。

② 続けて日直は「理由は気持ちを込めて音読していたのがすごいと思ったからです」と MVP に選んだ理由を説明する。

③ 教師の「MVP に選ばれた○○さんに拍手～！」の言葉で MVP の子に拍手を贈る。また，教師の「友達のよさをきちんと説明できた日直の△△さんに拍手～！」の言葉で日直の子にも拍手を贈る。

成功のコツ

・班対抗で MVP を競い，「ゴールデングループ」などと名付けても面白い。

（岩永）

12 ○○のように立ちましょう

> **こんなネタです！**
>
> 授業のおわりに，先生がカードの絵を見せ，その絵のように子どもたちが起立します。
>
> **このネタの魅力**
>
> ニッコリ笑顔で授業をおわることができます。また，「次は，どんな起立をするのだろう？」と子どもたちは期待します。

すすめ方

① 教師は「これで授業をおわります」と子どもたちに告げ，裏返したカードをサッと見せる。

② 続けて教師は「さぁ，このカードの○○○のように立ちますよぉ！いち，に〜，さんっ！」と言ってカードを裏返し，絵を見せる。絵には，「ロケット」「たけのこ」「新幹線」「コブラ」「モグラ」「流れ星」などが描いてある。

③ 子どもたちは描かれている絵のように立つ。教師は「おぉ，△△さんは，ロケットのように勢いよく立てましたね〜」などとほめる。

④ 子どもたちは「先生，僕は？」「先生，私は？」などと聞いてくる。そこで「○○のように立てた人？」と教師が聞くと，「ハァイ！」と元気な声が返ってくる。

> **成功のコツ**
>
> ・動物や物だけでなく，言葉でやってみても面白い。「ニョキッ」「ズバッ」「ドーンッ」「ググッ」「ソローッ」など。

(中條)

13 一風変わった三本締め

> こんなネタです！

振り付きの三本締めで授業を締めくくります。

このネタの魅力
クラスみんなのバカらしい踊りで，楽しく授業をおわれます。

すすめ方

① 授業の最後，教師は「クラス全員が8の段を言えるようになったことをお祝いして，三本締めをします」と言う。
② 子どもたちを立たせ，足を肩幅に開かせる。
③ 三本締めのリズムに合わせて，次の踊りを踊る。

【踊り方】「ちょちょちょん」右手の親指と人差し指で丸を作り，左斜め上に挙げる。「ちょちょちょん」左手の親指と人差し指で丸を作り，右斜め上に挙げる。「ちょんちょん，ぱっ，パン！」丸を作った両手をクロスさせて挙げ，「ぱっ」で手をたたき，「パン」で隣の人と手を合わせる。

成功のコツ

・教師は恥ずかしがらず，リズムよく元気に行うことが肝心。

（井上）

第7章
6年間のはじめ
入学時のアイディア

　4月，新しい出会いの季節。真新しいランドセルを背負い，キラキラと目を輝かせて登校する1年生。

　はじめての授業，はじめての給食，はじめての掃除……。
　すべてがはじめての毎日を，「今日は，みんなで鬼ごっこをしたよ」「今日は，学校でたし算を習ったよ」「今日は，先生と一緒に帰ったよ」と，うれしそうに話しながら過ごすことのできる環境を整えることが，私たち教師の最初の仕事です。

　6年間のスタートを安心して切ることができるよう，子どもたちの応援団長として全力投球で取り組んでいきましょう。

① 入学式に写真を撮る！

> **こんなネタです！**
>
> 入学式の日，保護者の方と子どものツーショット写真を撮ります。
>
> **このネタの魅力**
>
> １年生担任は保護者とのかかわりが重要です。年度はじめに保護者の顔を覚えることができ，信頼関係を築く第一歩になります。

すすめ方

① 入学式の受付で「一緒にお写真を撮りますね」とお声かけし，保護者の方と子どものツーショット写真を撮らせてもらう（お父さん，おばあちゃんなど複数で来られた場合には，全員で撮る）。
② 撮らせていただいた写真を１人１ページずつ１冊のノートに貼る。
③ 子どもたちの日々の様子で気がついたことがあれば，どんどん書き込んでいく。
④ 何度もくり返し写真を見ることで，最初の学級懇談や家庭訪問までに保護者の顔を覚えることができる。

成功のコツ

- 他学年の先生方にも協力していただき，撮り忘れがないように気をつける（私自身撮り忘れ，事情を説明して，後日の参観日などで撮らせていただいたこともある）。
- 生活科の「成長アルバム作り」の時に写真をプレゼントすると子どもたちからも保護者からも喜ばれる。

（吉川）

② 担任発表で大きな返事をしよう！

> **こんなネタです！**
>
> 入学式の担任発表の時に，先生はしっかりと手を挙げ，大きな声で「はいっ！」と返事をします。
>
> **このネタの魅力**
>
> 子どもたちや保護者に「元気で楽しそうな先生だぞ！」という印象を与えることができます。

すすめ方

① 入学式で校長先生が「担任発表をします。1年1組川本敦先生」と言った瞬間，教師はしっかりと手を挙げ，大きな声で「はいっ！」と言う。

② 教師は起立し，子どもたちの前に立つ。そして，ニコッと笑顔を見せる。すると，ニコッと笑顔を返してくれる子もいる。

③ 入学式がおわり，教室に入った後，教師はクラス全員の名前を呼ぶ。その時，「さっきの先生の返事と勝負です。元気のいい返事ができるかな？」と言う。すると，子どもたちはやる気になる。

④ 「はいっ！」と元気のよい声で言えた子には，「ものすごい元気だね。先生，負けちゃった」と言うと，子どもたちは喜ぶ。

成功のコツ

・子どもたちの返事は加点法で評価する。マイナスの評価はしない。

（川本）

③ 最初の学級活動で音読を！
―最初の参観日に「伸び」を可視化する―

> **こんなネタです！**
> 入学式の日の最初の学級活動で詩の音読をします。そして同じ詩を最初の参観日に音読します。
>
> **このネタの魅力**
> 子どもたちの「伸び」を保護者の方にはっきりと見ていただけます。

すすめ方

① 入学式後の学級活動で詩の音読をする。
② 教師は「はじめてなのに，大きな声で読めたね」と子どもたちをほめる。うまく読めなくても，「はじめてだから失敗しても当たり前だよ。学校でみんなと勉強すると上手に読めるようになるからね」と励ます。保護者の方にも「どんどん上手になりますから，楽しみにしていてください」とお話しする。
③ 同じ詩を毎日音読する。
④ 最初の授業参観で入学式の日に読んだ詩の音読をする。毎日読んでいるので，子どもたちは自信を持って音読できる。保護者の方は「小学校では短期間でこんなに伸びるのですね」と喜ばれる。

成功のコツ

- 詩はテンポよく読めるものがいい（やなせたかし『けんきゅうしよう』などは，内容も１年生のはじめに合っていてオススメ）。
- 暗唱できると，保護者の方も驚かれ，子どもたちには大きな自信になる。

(吉川)

④ 1年生でもルールを決められる！

こんなネタです！

クラスのルールを1年生の子どもたちと一緒に決めていきます。

このネタの魅力

自分たちで決めたルールなので，子どもたちは一生懸命守ろうとがんばります。

すすめ方

① 教師が困っていることを子どもたちに話す。例えば，はじめて鍵盤ハーモニカを持ってきた日に「鍵盤ハーモニカをどこに置けばいいか困っているんだけど，どうしたらいいか考えてくれる？」と聞く。

② いろいろな子どもの意見を聞く。「同じところに置いたらいいよ」「立てておいたら，邪魔にならないよ」など，理由まで言えたら，大いにほめる。
③ 教師は「じゃあ，みんなの意見を取り入れて，ロッカーの右側に立てて置くことにするよ。ありがとう」とお礼を言う。
④ 自分たちで決めたルールがきちんと守れているか，時々ふり返る。

成功のコツ

・荷物の置き場など，具体的なことがわかりやすい。

(吉川)

⑤ お助けマン

> **こんなネタです！**
>
> 子どもたちに「先生は，みんなのお助けマンだよ」と伝えます。
>
> **このネタの魅力**
>
> 子どもたちに「安心感」を与えます。また，「お助けマン」という言葉は，子どもたちに強い印象を与え，記憶に残ります。子どもたちが家で保護者にも話すので，家庭でも話題になります。

すすめ方

① 入学式後の１年生の学級開きの時。教師は，黒板に濃く大きな字で名前を書く。

② 続けて教師は「先生の名前は，川本敦です。みんなで川本敦先生と言ってみましょう」と言う。そして，簡単に自己紹介をする。

③ 最後に「先生は，みんなのお助けマンです。何か学校で困ったことがあったら，先生に言ってください。絶対にみんなを助けますからね。では，明日からいっぱい勉強して，いっぱい遊びましょう」と言う。「お助けマン」の言葉に子どもたちは笑顔になる。

成功のコツ

・③のところで，具体例をいくつか挙げるとよい。例えば，「トイレの場所がわからない時」など。

（川本）

⑥ お助けレンジャー

> **こんなネタです！**
>
> 子どもたち数名を「お助けマン」にして，「お助けレンジャー」を結成します。
>
> **このネタの魅力**
>
> 自分たちでお互いを助け合おうとする意欲を高めます。

すすめ方

① 教師は「先生は，みんなが困っている時に飛んで駆けつけるお助けマンです」と話し，子どもたちを安心させる。

② 続けて教師は「でも，先生だけではお助けするにも限りがあります。みんなの中で先生と一緒に周りのお友達を助けられる人？」と言い，子どもに手を挙げさせる。

③ 手を挙げた子を立たせる。そして，「この人たちは立派なお助けレンジャーです！　お助けマンと一緒に人助けをしよう！」と言う。

④ 立っている子とハイタッチして，お助けレンジャーを結成する。

成功のコツ

・お助けレンジャーバッチを作ると子どもたちは大喜び。

（岩永）

　「へのへのもへじ」でひらがな練習

> こんなネタです！
>
> 「へのへのもへじ」のような「顔文字」を考えます。
>
> **このネタの魅力**
>
> ひらがなの形の特性を考えることで，面白い作品ができあがります。また，楽しみながらひらがなを練習することができます。

すすめ方

① 教師は「今から先生が言う字をきれいに書いていきましょう」と言う。

② 教師が「最初は，『へ』。次は，への下に『の』を書きます」と言いながら，子どもに一文字ずつ書かせていく。子どもたちは「へのへのもへじだ！」と盛り上がる。

③ 「へのへのもへじは，顔に見えますね。『の』を他の字に替えても顔になりますか？」と聞き，いろいろな文字を試してみる。「あ」「い」……どの文字を入れても違った表情の顔になって面白い。

④ ひらがなを組み合わせて，いろいろな「顔文字」を作って楽しむ。

成功のコツ

- カタカナや習いたての漢字などを使っても面白い。
- 作った「顔文字」に題名をつけると，さらに楽しめる。
- 宿題にすると，お家の方も楽しんで考えてくれる。

(吉川)

⑧ 仲良しペアをそろえよう

> **こんなネタです！**
>
> 身の回りで，ペアで使っているものを探し，ペアであることを意識させます。
>
> **このネタの魅力**
>
> 仲良しペアを意識することで，身の回りの整理整頓ができるようになります。

すすめ方

① 教師は「学校にはスリッパの右と左のような仲良しペアがあります。他にどんなものがありますか？」と言う。

② 子どもたちから「靴の右と左」「ノートと下敷き」「フックと手提げ」「隣の人の机と自分の机」「鉛筆とキャップ」など，いろいろな意見が出る。

③ 教師は「もし，仲良しペアが離ればなれになっていたら，ペアになるようにそろえましょう」と言う。

④ ペアをそろえない子がいたら，「仲良しペアが離ればなれになっちゃっているよ。かわいそうだよね」などと言い，指導に活かす。

成功のコツ

- 身の回りのもののペアを項目としたチェック表を活用して，自分でチェックできるようにしてもよい。

（岩永）

⑨ 給食大好き！　おいCM

> **こんなネタです！**
>
> 給食のおいしさをCM風にして伝えます。
>
> **このネタの魅力**
>
> 苦手な物も食べてみようという前向きな気持ちになれます。

すすめ方

① 教師は「みんなは給食のどこが好きですか？」と聞く。すると，子どもたちから「おいしい」「みんなで食べるから楽しい」「栄養バランスがいい」「愛情が込められている」などの意見が出る。

② 教師は「それでは，そのお気に入りの給食をCMにして伝えてみましょう」と言い，人気者2人を教室の前へ迎える。

③ 次の台本に従って，2人に練習させる。「みなさん，牛乳には必要な栄養がたくさん含まれているんですよ！」（A君），「そして……ゴクゴク……プハー！　なんといってもおいしい！」（B君が飲むマネをして），「みなさんも残さず飲もう！」（2人でポーズをつけて）。教室は大爆笑になる。

④ 教師が「3，2，1，キュー」と言って本番を行う。人気者の2人が実演。そして，「カーット！」という教師の合図で子どもたちが拍手をしておわる。

> **成功のコツ**
>
> ・CMを演じる子を誰にするかが一番のポイント。子どもの個性を見極めて，お願いする。

（岩永）

⑩ トイレ名人になろう

> **こんなネタです！**
>
> 入学後のトイレ指導を教室で行います。
>
> **このネタの魅力**
> 自信を持ってトイレに行くことができるようになります。

すすめ方

① 教室の机と椅子を利用して，1年生が使うトイレを再現する。机を手洗い場と壁，椅子を便器としてレイアウトする。また，教室の出入り口をトイレの出入り口とする。

② スリッパや便器の使い方，手の洗い方などを教える。特に和式のトイレに慣れていない子が多いので，和式の大便器の座り方はしっかり教えておく。

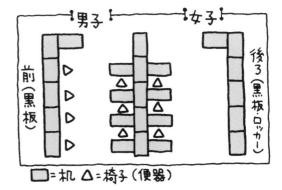

③ 子ども一人ひとりにトイレに入ってから出るまでの流れを練習させる。

④ 流れをマスターした子は，実際のトイレでテストをする。

成功のコツ

・合格した子に「トイレ名人認定証」を渡すと，子どもたちはやる気になる。

(神山)

⑪ 1日のはじまりは昇降口から

こんなネタです！

入学後の1年生を先生が昇降口で迎えます。

このネタの魅力

高学年の子や保護者の方から，気になる1年生の様子を聞くことができます。

―――――― すすめ方 ――――――

① 教師は登校前に昇降口の扉を開けて，1年生の登校を待つ。
② 教師は，登校してくる1年生に「おはようございます」と挨拶をする。その時，1年生の子の顔色や様子をチェックする。

③ 気になる1年生がいれば，高学年の子からその子の様子を聞く。また，保護者と一緒に登校する1年生がいれば，保護者の方にその子の様子を聞く。

成功のコツ

・靴を入れる場所や傘の置き方を指導すると，1日のはじまりがスムーズになる。

（神山）

⑫ 数のブロックで遊ぼう

> **こんなネタです！**
>
> 1年生の算数で使う，数のブロックや積み木を使って遊ばせます。
>
> **このネタの魅力**
>
> 算数セットには，数のブロックや積み木が入っています。それらを使って楽しく遊べば，算数セットに慣れることができます。また，遊びながら，数の感覚を養うことができます。

すすめ方

① 教師は「今から，5分間だけブロックで遊びます」と言い，数のブロックを出させる。子どもたちは「遊び」の言葉に大喜び。

② 教師は「家を作ってみよう」などと言い，いろいろ作って遊ばせる。子どもたちは意欲的にブロックで遊ぶ。

③ 少し遊んでから，数の学習に使う。子どもたちはブロックの扱いに慣れているので，スムーズに学習に入ることができる。

成功のコツ

- 「○分間」と時間を区切って行うことが大切。
- 授業が早くおわった時などにも，ブロック遊びをさせるといい。
- 両面で色が変わるタイプは，模様作りをすると楽しい。
- 十のかたまり，五のかたまりなどがあるタイプは，いろいろな形を作ることを通して，数のかたまりを意識させることができる。

(吉川)

13 種の中身は何色？

> **こんなネタです！**
>
> 生活科でアサガオの種をまく時，「中身は何色？」と問います。
>
> **このネタの魅力**
>
> 「黒い種から赤や青の花が咲く」植物の不思議。きっと種の中に秘密があるのだろうと思っている子もたくさんいます。大人には当たり前のことですが，1年生は本当に驚いてくれるネタです。

すすめ方

① アサガオの種をよく見させた後，観察カードに種の絵を描かせる。
② 教師は「種の外は黒いけど，中は何色なのかな？」と聞き，子どもたちに予想させる。この時，理由も考えさせる。
③ 子どもたちに予想を発表させる。「赤，アサガオの花の色だから」「緑，葉っぱの色だから」「虹色，アサガオにはいろんな色があるから」などユニークな意見がどんどん出る。
④ 実際に種を切って中を見せる。すると，子どもたちは「えー？ 白いの？」と驚く。
⑤ 教師が「きっと白い花が咲くんじゃない？」と言うと，子どもたちは「絶対違う！」と反論する。「白い芽が出たらどうしよう」と心配し毎日見にいく子もいるが，緑の芽が出ると安心する。

成功のコツ

・切る前に，種をしばらく水につけておく。
・興味を持った子がいたら，他の種の中も調べてみるとよい。

（吉川）

第8章
6年間のおわり

卒業前のアイディア

　6年間のおわりは，卒業です。
　卒業に向けて「成長」と「感謝」をキーワードに6年間の総仕上げをしましょう。

　自分たちの「成長」を実感させる。
　そして，周りの人々への「感謝」の心を持たせる。子どもたちは，決して自分1人の力で「成長」してきたわけではありません。周りの人々に支えられたからこそ「成長」できたのです。

　最後に，子どもたちに「感謝」の心を教えましょう。
　それが，教師として子どもたちにできる最後の仕事です。

① カウントダウンカード

> **こんなネタです！**
>
> 子どもたちが1人1枚ずつ卒業まで後何日なのかを書いたカウントダウンカードを作ります。
>
> **このネタの魅力**
>
> 小学校生活が後何日なのかがすぐにわかり，残された日々を大切に過ごすようになります。

すすめ方

① 卒業式の日を「後0日(ゼロ)」として，クラスの人数分のカウントダウンカードを作る。31人のクラスなら，「後30日」から。

② ジャンケンで，誰が「後何日」のカードを作るのか担当を決める。

③ 八つ切りの画用紙に1人1枚，カウントダウンカードを工夫して作る。

④ 教師は，カードを集めて順番に並べ，1つにまとめる。

⑤ 朝，カウントダウンカードを1枚めくる。そして，クラス全員で誰の作品か予想する。誰が作った作品なのか発表し，そのカードを作った子に拍手を贈る。

> **成功のコツ**
>
> ・数字の形をうまく利用させると，楽しい作品ができあがる。例えば，「後8日」なら，雪だるまにするなど。

（神山）

② 卒業式・返事プロジェクト

　卒業式の練習の時,「返事が小さい」と男子だけを残して叱るフリをします。

このネタの魅力

　返事の声が小さい女子に「大きい声を出さなきゃマズイ」と危機感を持たせることができます。

すすめ方

① １回目の卒業式練習の時,「返事が小さい」と男子だけを体育館に残す。
② 女子がいなくなったら, 教師は「君たちの返事は, ……いい！ でも, 女子にも危機感を持ってほしかったからね。返事について叱られたフリをして教室に帰ってね」と男子に伝える。
③ 男子は笑いをこらえながら「先生, すっごく怖かった……。明日はがんばって大きな声で返事をしなきゃ」と演技をする。
④ 男子の返事の声が大きいと感じている女子は危機感を感じ, 一生懸命練習するようになる。

成功のコツ

・声の大きな男子１人と打ち合わせしておいて,「まだ小さい！ もっと全力の大きな声で返事しろ！」と叱る方法もある。
・普段から, あらゆる場面で返事をする機会を意識的に作ると, より効果がある。

（神山）

③ 1年生の教室で授業

> **こんなネタです！**
>
> 1年生の教室を借りて，卒業を控えた6年生に授業をします。
>
> **このネタの魅力**
>
> 　子どもたちは，小さな机，椅子に自分たちの体が大きくなったことを実感します。また，1年生向けの授業を受けて，頭も成長していることを実感します。成長を実感できる良ネタです。

すすめ方

① 教師は「これから6年前にタイムスリップします」と言って，6年生を1年生の教室に連れて行く。

② 1年生の教室に着いたら，子どもたちを1年生の椅子に座らせる。「わあ，小さい」「足が入らないよ」と子どもたちは大喜び。

③ 教師は，1年生向けの授業をする。話し方も1年生に話すようにゆっくりやさしく話す。子どもたちは笑顔で授業を受ける。

④ 最後に教師は「君たちは，いろんな方に支えられて6年間で大きく成長しました。卒業式では，お家の方や先生方に立派になった姿を見せ，感動させてあげてください。それが恩返しです」と語る。

成功のコツ

- 事前に1年生の先生に許可を取っておく。
- 1年生が下校した後の6時間目なら，迷惑をかけないでできる。
- 成長を実感させるだけでなく，感謝の心が持てるような話をする。
- 卒業式の前日か，前々日に行うとよい。

（飯村）

④ 1年生と中学生の問題を解く

> **こんなネタです！**
>
> 卒業を控えた6年生に，1年生の問題，6年生の問題，中学生の問題を出します。
>
> **このネタの魅力**
>
> 小学校で学んできた成果を実感することができます。また，中学校で勉強することへの意欲を持つことができます。

すすめ方

① 1年生の問題を出す。（例）❶5＋2 など。続けて6年生の問題を出す。（例）❷$\frac{2}{5} \div \frac{10}{6}$ など。ここまでは全員ができる。

② 次に，中学生の問題を出す。（例）❸$3x^2 + 6x - 360 = 0$ など。当然子どもたちは答えられない。

③ 教師は，❸の中学生の問題を黒板で解いてみせる。

④ 教師は次のように話す。「❶❷の問題は全員が簡単にできました。これは6年間みんなが一生懸命勉強してきたからです。❸の問題は中学校で勉強するものです。今はできなくて当たり前です。でも，一生懸命勉強したら3年後には，❶❷みたいに簡単に解けるようになります。中学校でも勉強がんばってください」

成功のコツ

・1年生の問題，6年生の問題は全員ができるものにする。

（飯村）

⑤ 思い出のランドセル

> **こんなネタです！**
>
> 卒業前に自分のランドセルをスケッチし，メッセージを添えます。
>
> **このネタの魅力**
>
> 6年間の感謝の思いを噛みしめるとともに，ランドセルを背負う機会がなくなっても，絵を見て思い出を懐かしむことができます。

すすめ方

① 教師は「もうすぐ卒業ですね。自分のランドセルをじっくり見て気がつくことや思うことはありますか？」と言い，子どもたちに3分間でノートに箇条書きさせる。

② 子どもたちに発表させると，「ボロボロ」「もう使わなくなるからさみしい」などの意見が出る。

③ 教師は「その思いを込めて，6年間使い続けたランドセルをスケッチしてみましょう」と言い，八つ切りの画用紙を配る。

④ 子どもたちは，ネームペンでランドセルをスケッチする。

⑤ 教師は「もし，自分のランドセルに手紙を書くとしたら，どんなことを伝えたいですか？」と問いかけ，スケッチにメッセージを書き込ませる。

成功のコツ

・人への感謝と同じく，物への感謝にも気づかせることが大切。

（岩永）

20歳の自分への手紙

> **こんなネタです！**
>
> 卒業間近の頃，20歳（成人式を迎える年）になる自分への手紙を書きます。そして，20歳になった時，先生がその手紙を郵送します。
>
> **このネタの魅力**
>
> 20歳になった時，忘れていた手紙が届いて驚きます。小学校のころが懐かしくなり，同窓会が実現するかも。

すすめ方

① 教師は，子どもたちに写真を見せる。そして，「これは先生です。さて何歳の時の写真でしょうか」と質問する。子どもたちは「18歳？」「わから～ん」「40歳！」と強く反応する。

② 教師は「正解は……20歳の時の先生でした！」と発表する。そして，「今日は，8年後の自分，つまり20歳になった自分へ手紙を書きます」と説明し，手紙を書く紙と封筒を配る。

③ 子どもたちに手紙を書かせる。また，封筒に住所・名前を書かせる。そして，手紙を入れて封をさせる。教師は回収し，保管する。

④ 子どもたちが20歳になった年，教師は切手を貼り，手紙を投函する。成人した子どもたちが感動すること，間違いなし。

成功のコツ

・書けない子のために，書き方の例を示しておくとよい。【例】「お元気ですか？ 20歳の○○さん。今，何をしていますか？ 今でも，○○は好きですか？ 体育大会の組体操は大成功でしたね」など。

（中條）

班対抗！ 思い出クイズ大会

> **こんなネタです！**
>
> 6年間の思い出を班で相談してクイズにします。
>
> **このネタの魅力**
>
> 自然と思い出話に花が咲き，6年間の学校生活を楽しくふり返ることができます。

すすめ方

① 6年間の思い出についてのクイズを班ごとに作る。例えば，「1年生の時に育てたミニトマトをカラスが食べに来た時，どうやって追い払ったでしょう？　1．待ち伏せしてカラスと戦った。2．かかしを作った。3．校長先生が棒で追っ払ってくださった」など。

② 子どもたちは相談してクイズを作る中で「どんなことがあったっけ？」「あの時，どうしたっけ？」と思い出話をする。

③ 1班が出題班になり，問題を出す。他の班はその問題に答える。正解した班は，10点ゲット。

④ 2班，3班……と出題班を交代して，クイズ大会を行う。一番多くの得点をゲットした班が優勝。

成功のコツ

- 優勝班には，思い出グッズ（記念写真など）を渡すと子どもたちは大喜び。

（吉川）

⑧ 6年間のふり返りフルーツバスケット

こんなネタです！

6年間の思い出をもとにしてフルーツバスケットを行います。

このネタの魅力

6年間の出来事をふり返り，クラス全員で共有することができます。

すすめ方

① 教師は「6年間いろいろなことがありました。今からフルーツバスケットをしながら6年間をふり返りましょう」と言う。

② 机を後ろに下げ，椅子を中央に向けて円状にし，子どもたちを座らせる。椅子の数は子どもの数より1つ少なくする。

③ 教師は「ルールを説明します。鬼になった人が，『修学旅行の時，夜中の12時過ぎまで起きていた人？』など6年間の思い出をもとにして言います。それに当てはまる人は違う席に移動します。座れなかった人が，鬼。3回鬼になったらアウトです」と言う。

④ ジャンケンで最初の鬼を決め，クラス全員で「6年間のふり返りフルーツバスケット」を楽しむ。

成功のコツ

・ゲーム前に3分間，6年間の思い出を友達とおしゃべりする時間を取ると，鬼がスムーズに思い出を言える。

(川本)

⑨ 思い出ジェスチャー

こんなネタです！

6年間の出来事をジェスチャーで伝えます。

このネタの魅力

6年間に起こったいろいろな出来事を思い出すことができます。

すすめ方

① 班対抗（5人）で行う。

② まずは1班が挑戦。1人が出題者，残りの4人が回答者。

③ 出題者は，教室の前に出て，教師が作ったお題の紙を見る。お題は，「修学旅行」「入学式」など，6年間の思い出に関するものにする。

④ 出題者がその思い出を30秒間ジェスチャーで表現する。回答者は教室の後ろに並び，その思い出が何なのかを相談して答える。正解すれば，10ポイントゲット。

⑤ 2班，3班……と班を交代して挑戦。③④をくり返す。一番多くのポイントをゲットした班が優勝。

成功のコツ

・お題は，単に「遠足」でなく「〇年生の遠足」と細かく指定したほうが面白い。

(中村)

⑩ 有名人からのお祝い電報

こんなネタです！

卒業式に、先生が作成した有名人からのお祝いの電報が届きます。

このネタの魅力

卒業式の１コマを印象強く演出することができます。

すすめ方

① 子どもの好きなスポーツ選手や歌手など有名人をリサーチする。そして、その有名人の名言やインタビューの言葉を集める。

② その有名人の名言やインタビューの言葉を混ぜ合わせ、その人らしいお祝いの電報を作成する。

【例】長友佑都選手の場合「６年〇組のみなさん、卒業おめでとう。僕は、イタリアのインテルというチームに移籍し、レベルの高い選手たちと競い合っています。あきらめず、がむしゃらにチャレンジをするあなたの背中を応援しています」

③ 卒業式の当日、お祝い電報を読み聞かせる。子どもたちは興味津々で聞いてくれる。

④ 最後に「と言いそうな長友佑都選手のファンの神山先生より」と教師の名前を読むと、子どもたちは「な〜んだ、先生が作ったのか」と笑顔になる。

成功のコツ

・写真も一緒に掲載して紹介すると、より効果がある。

（神山）

⑪ 保護者の方へ感謝のメッセージカード

> **こんなネタです！**
>
> 子どもたちが，小学校6年間の生活を支えてくれた保護者の方へ，感謝の気持ちを手紙で伝えます。
>
> **このネタの魅力**
>
> 普段は面と向かって感謝の気持ちやメッセージを伝えられない子も，両親への感謝をしっかりと伝えることができます。

すすめ方

① 教師は「みなさん，間もなく小学校を卒業しますね。自分1人で，ここまでやってこられた人はいますか」と問いかける。子どもたちからは，「いいえ」「それは無理です」という答えが返ってくる。

② 続けて教師は「では，みなさんは誰に感謝しますか？」と聞く。すると，「親」「お母さん」「お父さん」などの答えが出る。

③ 「今日は，日頃の感謝の気持ちを表すためにメッセージカードを作ります」と言い，教師は八つ切り半分のサイズの色画用紙を配る。

④ 教師は「このメッセージカードは卒業式当日，お父さん，お母さんに手渡します。真心を込めて，作ってください」と説明し，カードを書かせる。

⑤ 卒業式当日，感謝の言葉を言って，メッセージカードを渡す時間を取る。

成功のコツ

・メッセージカードを渡す時は，手紙を音読させてもよい。

(中條)

卒業式の私への手紙

> **こんなネタです！**
>
> 6年生の学級開きの日に,「卒業式の日の私」に向けた手紙を書きます。先生は, その手紙を回収し, 卒業式当日に渡します。
>
> **このネタの魅力**
>
> 学級開きの日に, 自分が卒業式までにどのように成長したいかを考えることができます。また, 卒業式の日に, 手紙を読むことで1年間をふり返ることができます。

すすめ方

① 学級開きの最後に, 便箋と封筒を子どもに配る。

② 教師は「卒業式の日の自分に向けて手紙を書きます。どんな卒業式を迎えたいですか? どんな1年間にしたいですか? それを意識して丁寧に書きましょう」と言い, 手紙を書かせる。

③ 手紙を集め, 1年間大切に保管しておく。

④ 卒業式の前日, 子どもたちが下校してから机の上に手紙を配る。

⑤ 卒業式当日, 登校した子は, 机の上に配ってあった手紙をうれしそうに読む。

成功のコツ

・1年間手紙のことには触れないようにすると驚きが増す。

(川本)

⑬ タイムカプセルはタッパーがいい！

> **こんなネタです！**
> 手紙や思い出の品をタッパーに入れて埋めます。
> **このネタの魅力**
> 最高の思い出になります。また，掘り返す時に同窓会ができます。

すすめ方

① 教師は大きなタッパーを用意する。
② 子どもたちは，その中に未来の自分への手紙や友達への手紙，思い出の品などを入れる。
③ 子どもたちにタッパーの高さの3倍ぐらいの穴を掘らせる。
④ フタを下にして，タッパーを埋める。

成功のコツ

- イラストのように「フタを下に」が一番のポイントである。
- タイムカプセルは水気との勝負。できるだけ水はけのよい場所を選んで埋める。また，私の経験上，タッパーが一番水気に強い。

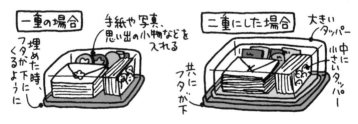

- 大きなタッパーの中に小さいタッパーを入れ，二重にしてもいい。
- 不安な方は，地下倉庫や床下に隠すなどの方法もある。

(中村)

⑭ 同窓会の日と幹事を決めておく

> **こんなネタです！**
>
> タイムカプセルを掘り起こす日と幹事を決めておきます。
>
> **このネタの魅力**
>
> 忘れることなく，確実に素敵な同窓会が実現します。

すすめ方

① 教師は「タイムカプセルを掘り起こす日を決めておきます」と言い，子どもたちと相談して，「○年○月○日」とはっきり決める。

② 続けて教師は「タイムカプセルを掘り起こす日に同窓会をしたいんだけど，誰か幹事をしてくれない？ 10年後でも覚えていてくれそうなしっかりした人がいいな」と言う。

③ 子どもたちと相談して，男子1人女子1人，幹事を決める。

④ 教師は「○年○月○日が近づいたら，幹事の○○君，○○さんから連絡が来るからね。その時に，みんなで会おう！」と言う。

> **成功のコツ**
>
> ・掘り起こす日は，子どもたちが20歳になった年のお正月がいい。大学や就職で遠くにいる子も集まりやすいし，一緒にお酒が飲める。

(中村)

執筆者一覧 （所属は執筆時）

飯村友和	千葉県・八千代市立萱田南小学校
井上ひかり	大阪府・神戸松蔭女子学院大学学生
岩永明日香	広島県・福山市立蔵王小学校
神山雄樹	愛知県・知多市立東部中学校
川本　敦	大阪府・大阪市立川北小学校
中條佳記	奈良県・広陵町立真美ヶ丘第二小学校
中村健一	山口県・岩国市立平田小学校
藤井拓弥	広島県・小学校教諭
山根大文	広島県・小学校教諭
吉川裕子	京都府・立命館小学校

編著者紹介
●中村健一
　1970年山口県生まれ。現在，山口県岩国市立川下小学校勤務。お笑い教師同盟などに所属。日本一のお笑い教師として全国的に活躍。
　主な著書に『子どもも先生も思いっきり笑える73のネタ大放出！』『教室に笑顔があふれる中村健一の安心感のある学級づくり』『つまらない普通の授業に子どもを無理矢理乗せてしまう方法』『クラスを「つなげる」ミニゲーム集BEST55＋α』『つまらない普通の授業をおもしろくする！　小ワザ＆ミニゲーム集BEST57＋α』『ゲームはやっぱり定番が面白い！　ジャンケンもう一工夫BEST55＋α』（以上，黎明書房），『中村健一　エピソードで語る教師力の極意』『策略　ブラック学級づくり―子どもの心を奪う！　クラス担任術―』（以上,明治図書）がある。
　編著に『担任必携！　学級づくり作戦ノート』『学級担任に絶対必要な「フォロー」の技術』『子どもの表現力を磨くおもしろ国語道場』『厳選102アイテム！　クラスを「つなげる」ネタ大辞典』『めっちゃ楽しく学べる算数のネタ73』『健一中村の絶対すべらない授業のネタ78』『デキる！　教師の1日』『ホメる！　教師の1日』（以上，黎明書房），共著に『42の出題パターンで楽しむ痛快社会科クイズ608』『42の出題パターンで楽しむ痛快理科クイズ660』『クイズの出し方大辞典付き笑って楽しむ体育クイズ417』『教室で家庭でめっちゃ楽しく学べる国語のネタ63』『笑う！　教師の1日』『もっと笑う！　教師の2日目』（以上，黎明書房），『子供が納得する個別対応・フォローの技術』（学事出版）がある。他にも著書多数。
　出演DVDに「見て，すぐわかる授業導入のアイディア集―お笑い系導入パターン―」（ジャパンライム），「明日の教室DVDシリーズ36　学級づくりは4月が全て！　―最初の1ヵ月死ぬ気でがんばれば，後の11ヵ月は楽できる―」（有限会社カヤ）がある。

＊イラスト・山口まく

新装版　子どもが大喜びで先生もうれしい！
学校のはじめとおわりのネタ108

2019年4月10日　初版発行

編著者	中村　健一
発行者	武馬　久仁裕
印　刷	株式会社　太洋社
製　本	株式会社　太洋社

発行所　　　　　　　　　株式会社　黎明書房
〒460-0002　名古屋市中区丸の内3-6-27　EBSビル　☎052-962-3045
　　　　　　　FAX 052-951-9065　振替・00880-1-59001
〒101-0047　東京連絡所・千代田区内神田1-4-9　松苗ビル4階
　　　　　　　　　　　　　　　　　　　　　　☎03-3268-3470

落丁本・乱丁本はお取替します。　　　　　ISBN978-4-654-02314-1
Ⓒ K.Nakamura 2019, Printed in Japan

中村健一著　B5・62頁　1650円

ゲームはやっぱり定番が面白い！ジャンケンもう一工夫 BEST55 ＋α

定番ゲームの王様「ジャンケン」にもう一工夫加えた，「餃子ジャンケン」「サッカージャンケン」等の最高に盛り上がるジャンケンゲーム 55 種を厳選収録。2 色刷。

中村健一著　B5・62頁　1660円

つまらない普通の授業をおもしろくする！小ワザ＆ミニゲーム集 BEST57+α

おもしろみのない普通の授業を，ちょっとしたワザとゲームで盛り上げおもしろくするネタを 57 紹介。成功の秘訣やプラスαのネタも教えます！　2 色刷。

中村健一著　B5・62頁　1650円

クラスを「つなげる」ミニゲーム集 BEST55+α

クラスをたちまち 1 つにし，先生の指示に従うこと，ルールを守ることを子どもたちに学ばせる，最高に楽しくておもしろい，大好評のゲーム 55 種。2 色刷。

中村健一編著　B5・87頁　1900円

担任必携！　学級づくり作戦ノート

例を見て書き込むだけで，最初の 1 ヵ月を必ず成功させる作戦が誰でも立てられます。作戦ノートさえあれば，学級担任のつくりたいクラスにすることができます。

中村健一著　A5・171頁　2200円

つまらない普通の授業に子どもを無理矢理乗せてしまう方法

準備をしなくても，年間 1000 時間の授業に子どもたちを飽きさせず，軽々と乗せてしまう教育技術のすべてを紹介。

中村健一編著　教師サークル「ほっとタイム」協力　B6・97頁　1300円

健一中村の絶対すべらない授業のネタ 78

教師のための携帯ブックス⑰　「しりとり川柳合戦」「地図記号神経衰弱」等，つまらない授業がたちまち楽しくなる，国語，算数，理科，社会の授業のネタ他。

中村健一編著　教師サークル「ほっとタイム」協力　B6・102頁　1300円

デキる！　教師の1日

教師のための携帯ブックス⑱　「朝起きてから，学校に着くまで」〜「帰りの会・放課後」「学級事務」まで，1 日の流れに沿って仕事の能率を一挙に上げる方法。

表示価格は本体価格です。別途消費税がかかります。

■ホームページでは，新刊案内など，小社刊行物の詳細な情報を提供しております。「総合目録」もダウンロードできます。http://www.reimei-shobo.com/

中村健一編著　河内教員サークルSOYA協力　B6・101頁　1300円

ホメる！　教師の1日

教師のための携帯ブックス⑲　子どもも先生もハッピーにする，教育効果バツグンのほめまくり術！　朝の会から帰りの会・放課後まで，ホメまくる78のネタを公開。

中村健一とゆかいな仲間たち著　B6・96頁　1300円

笑う！　教師の1日

教師のための携帯ブックス⑳　笑いのある教室にすることは学級崩壊の予防にもなります。朝イチから帰りまで，子どもたちも教師も笑顔になる77のネタ。

中村健一とゆかいな仲間たち著　B6・98頁　1300円

もっと笑う！　教師の2日目

教師のための携帯ブックス㉑　「天使のあいさつ」「デビル吉田のささやき」等，朝から帰りまで1日目よりももっと笑えるネタ80。

古川光弘著　B6・100頁　1400円

忙しい先生方が無理なく取り組める授業のアイディア30

教師のための携帯ブックス㉒　1年生でも授業に集中でき，漢字も九九も楽しく定着。暗記科目でも子どもたちが楽しく学ぶことができる等，きわめつきの授業法。

古川光弘著　B6・94頁　1400円

クイズで実感！　学級づくり・授業づくり"50の極意"

教師のための携帯ブックス㉓　達人教師・古川光弘先生の学級づくり，授業づくりの"50の極意"をクイズで楽しく習得できます。教師のいろはが詰まっています。

中條佳記著　B6・98頁　1400円

表ネタが通用しない場面へ投入！　学級づくり＆職員室の裏ネタ45

教師のための携帯ブックス㉔　本当に困ったときに頼りになる裏ネタ45種。学習意欲を高めるネタや絆を深めるネタ，学習規律をつくるネタやご褒美グッズ等満載。

中條佳記著　B6・92頁　1400円

表ネタが通用しない場面へ投入！　授業づくりの裏ネタ38＆使えるアイテムネタ4

教師のための携帯ブックス㉕　各教科の授業を盛り上げ，知識の定着を図る，強力な授業づくりの裏ネタ38種。使えば，授業も学級経営も充実するアイテムネタも。

表示価格は本体価格です。別途消費税がかかります。

多賀一郎著　四六・145頁　1700円

孫子に学ぶ教育の極意

学校は戦場でもある。「孫子の兵法」は教育の現場でも役立ちます。子どもを守るために戦う教師の，目からウロコの「戦いの極意」がこの一冊に。

多賀一郎編著　A5・143頁　1800円

絵本を使った道徳授業の進め方

指導項目を踏まえたすぐに役立つ19実践／絵本を使った，子どもたちが自ら考え，自らを深める，指導項目を踏まえた小学校18，中学校1の道徳授業を収録。

多賀一郎著　A5・147頁　1900円

全員を聞く子どもにする教室の作り方

人の話を聞けるクラスにすれば，学級も授業も飛躍的によくなります。聞く子どもの育て方を，具体的に順序だてて初めて紹介した本書は，教室づくりの決定版です。

多賀一郎・南惠介著　四六・158頁　1800円

きれいごと抜きのインクルーシブ教育

クラスで問題行動をとりがちな発達障害の子の「捉え方」「受け止め方」「対応の仕方」「保護者との関係づくり」等について，2人の実践家が現実に即した解決策を提示。

蔵満逸司著　B5・85頁　2300円

小学校プログラミング教育の考え方・進め方

パソコンが苦手な先生でも理解できるよう平易に解説したプログラミング教育の入門書。指導例に基づく教科別の指導プラン・ワークシートなどを収録。

山田洋一著　A5・143頁　1800円

気づいたら「うまくいっている！」目からウロコの学級経営

山田洋一の学級経営術を，「目からウロコの心構え」「目からウロコの指導術」「目からウロコのリアクション術」「目からウロコの対話指導術」に分け，紹介。

友田真著　A5・137頁　1800円

授業や学級づくりを「ゲーム化」して子どもを上手に乗せてしまう方法

ゲームの魅力をビジネスに役立てる方法「ゲーミフィケーション」を学校教育に導入し，進化させた子どもの「やる気に火をつける」待望の書。中村健一先生推薦。

表示価格は本体価格です。別途消費税がかかります。